MODERN LANGUAGES STUDY GUIDES
LITERATURE STUDY GUIDE FOR AS/A-LEVEL SPANISH

Crónica de una muerte anunciada

Gabriel García Márquez

Sebastián Bianchi and Mike Thacker

HODDER EDUCATION
AN HACHETTE UK COMPANY

The Publishers would like to thank the following for permission to reproduce copyright material.

Photo credits

p.8 Anamaria Mejia/Alamy; **p.9** imageBROKER/Alamy; **p.11** Fotomatador/Alamy; **p.20** Collection Christophel/Alamy; **p.21** Italmedia/Soprofilms/Films Ariane/Kobal/REX/Shutterstock; **p.22** akg-images; **p.28** Photo 12/Alamy; **p.39** akg-images; **p.49** Collection Christophel/Alamy; **p.50** Photo 12/Alamy; **p.51** Italmedia/Soprofilms/Films Ariane/Kobal/REX/Shutterstock; **p.59** ZUMA Press, Inc./Alamy

Every effort has been made to trace all copyright holders, but if any have been inadvertently overlooked, the Publishers will be pleased to make the necessary arrangements at the first opportunity.

Although every effort has been made to ensure that website addresses are correct at time of going to press, Hodder Education cannot be held responsible for the content of any website mentioned in this book. It is sometimes possible to find a relocated web page by typing in the address of the home page for a website in the URL window of your browser.

Orders: please contact Hachette UK Distribution, Hely Hutchinson Centre, Milton Road, Didcot, Oxfordshire, OX11 7HH. Telephone: (44) 01235 827827. Email education@hachette.co.uk Lines are open from 9 a.m. to 5 p.m., Monday to Friday. You can also order through our website: www.hoddereducation.co.uk

ISBN: 978 1 4718 9013 0

© Sebastián Bianchi and Mike Thacker 2017

First published in 2017 by

Hodder Education,

An Hachette UK Company

Carmelite House

50 Victoria Embankment

London EC4Y 0DZ

www.hoddereducation.co.uk

Impression number 10 9 8 7

Year   2024

All rights reserved. Apart from any use permitted under UK copyright law, no part of this publication may be reproduced or transmitted in any form or by any means, electronic or mechanical, including photocopying and recording, or held within any information storage and retrieval system, without permission in writing from the publisher or under licence from the Copyright Licensing Agency Limited. Further details of such licences (for reprographic reproduction) may be obtained from the Copyright Licensing Agency Limited, www.cla.co.uk.

Cover photo © Getty Images/iStockphoto/Thinkstock

Typeset in India

Printed and bound by CPI Group (UK) Ltd, Croydon, CR0 4YY

A catalogue record for this title is available from the British Library.

Contents

Getting the most from this guide 4

1 Synopsis 5
2 Social and historical context 7
3 Chapter summaries 17
4 Themes 35
5 Characters 48
6 Writer's methods 59
7 Exam advice 70
8 Sample essays 80
9 Top 10 quotations 93

Getting the most from this guide

This guide is designed to help you to develop your understanding and critical appreciation of the concepts and issues raised in *Crónica de una muerte anunciada*, as well as your language skills, fully preparing you for your Paper 2 exam. It will help you when you are studying the novel for the first time and also during your revision.

A mix of Spanish and English is used throughout the guide to ensure you learn key vocabulary and structures that you will need for your essay, while also allowing you to develop a deep understanding of the work.

The following features have been used throughout this guide to help build your language skills and focus your understanding of the novel:

caribeño/a Caribbean

For every paragraph in Spanish, key vocabulary is highlighted and translated. Make sure you know these words so you can write an essay with accurate language and a wide range of vocabulary, which is essential to receive the top mark for AO3.

Activity

A mix of activities is found throughout the book to test your knowledge of the work and to develop your vocabulary and grammar. Longer writing tasks will help prepare you for your exam.

Build critical skills

These offer an opportunity to consider some more challenging questions. They are designed to encourage deeper thinking and analysis to take you beyond what happens in the novel to explore why the author has used particular techniques, and the effects they have on you. These analytical and critical skills are essential for success in AO4 in the exam.

GRADE BOOSTER

These top tips advise you on what to do, as well as what not to do, to maximise your chances of success in the examination.

Key quotation

These are highlighted as they may be useful supporting evidence in your essay.

Answers

Answers to every activity, task, and critical skills question can be found online at **www.hoddereducation.co.uk/mfl-study-guide-answers**.

TASK

Short tasks are included throughout the book to test your knowledge of the novel. These require short written answers.

1 Synopsis

The narrator reconstructs the movements of Santiago Nasar from the moment he got up, at 5.30 a.m., until he died, at 7.05 a.m. Despite having spent most of the night partying, Santiago Nasar, a wealthy 21-year-old of Arab descent, was intent on going to the quay to greet the bishop. Before going out he had a cup of coffee in the kitchen, where he made advances to the cook's daughter, but was warned off by her mother, Victoria Guzmán. Meanwhile, the killers, the Vicario twins, were waiting in the square. On the river, the bishop came into view but he sailed on without disembarking. At 6.25 a.m. Santiago went back home to change his clothes. Many of the townsfolk, including the priest and the mayor, knew about the intended killing, and of Ángela Vicario's involvement.

The second chapter begins 6 months previously and ends a few hours before the killing. Bayardo de San Román, a wealthy, attractive, 30-year-old man, came to the town in search of a wife. He fell in love with Ángela Vicario and set about courting her and cultivating her family. Bayardo's choice of a wife was surprising because the Vicarios were poor and Ángela, although well brought up and attractive, was a rather demure girl. Ángela did not love him but was obliged by her family to accept the proposal. The family zealously protected her honour, but they did not know that she was not a virgin; this secret was shared only with a few friends, who showed her how to make her husband believe that she was a virgin on their wedding night. A lavish wedding took place and when the ceremony was over, the couple departed for their new, luxurious house. During the night, however, Bayardo discovered Ángela's secret, took his wife back to her family home and handed her over to her mother, Pura Vicario. Ángela revealed that her 'autor' (the man who took her virginity) was Santiago Nasar.

The verdict of the court was that the killing was an act of legitimate homicide in defence of honour. After the deed was done, the twins had given themselves up, unrepentant. They then spent 3 years in prison in Riohacha. The narrator reveals that, in truth, the brothers had not wanted to kill Santiago Nasar and that they had hoped that someone would frustrate their plan. At every turn they informed bystanders of their intentions, but no one would believe them. At 4.10 a.m. they went with their sharpened knives to Clotilde Armenta's shop in the square. The *alcalde* came and took away their knives, telling the twins to go home to bed; they soon returned with other knives, although with less determination to carry out the deed. Clotilde Armenta informed Father Amador of the brothers' intention, but the priest forgot to tell Santiago's mother. At 4.20 a.m. Santiago returned home and slept for an hour before going out again to greet the bishop. The narrator's family awoke that morning to the news of the killing.

The fourth chapter begins with the autopsy, which was followed the next morning by the burial. The brothers, haunted by the memory of the deed, both fell ill in the local prison. Some suspected that the Arab community had poisoned Pablo in revenge for the killing, but this suspicion proved groundless. Meanwhile, the Vicario family moved away. The biggest victim of the affair was Bayardo, who went away; nothing was heard from him for many years. Twenty-three years later, the narrator tried in vain to get him to talk about the affair. Ángela, on the other hand, was a changed person and eager to reveal all, but she stuck to her story, which nobody believed, that her seducer was Santiago Nasar. She revealed that she had abandoned the pretence that she was a virgin on her wedding night as she felt it was despicable to do such a thing. Realising subsequently that she loved Bayardo, she wrote to him every week for 17 years. One day, he turned up on her doorstep, intending to stay, and bringing with him 2,000 unopened letters.

Over the years the event had a profound effect on the people who witnessed it. Although many of them knew about the intended killing they said nothing, feeling impotent to change the course of the events because honour was at stake. The efforts of a few people to save Santiago were in vain. The examining magistrate took evidence from witnesses and filed his summary in the *Palacio de Justicia* in Riohacha, where the narrator managed to recover most of it. No evidence was found of Santiago's guilt, despite Ángela's insistence that he was the perpetrator. Many townspeople had gathered in the square to witness the killing. On his way home, Santiago finally learned of his fate. Almost home, he saw that the main door of the house was open and ran towards it. Before he could get there, his mother, thinking that Santiago was inside, barred the door, leaving her son to face his assassins. The twins fled after they had repeatedly stabbed Santiago, who got to his feet and staggered, via the back door, into the kitchen, where he collapsed and died.

2 Social and historical context

La base de la historia

La novela está basada en una historia verdadera. Gabriel García Márquez opina 30 años después sobre la Colombia de la década del 1951; el país sufría "La Violencia" (una guerra civil), que se refleja en los sucesos violentos de la novela. García Márquez es el narrador ficticio que investiga el **asesinato,** un hecho real sucedido en Sucre, un municipio en el interior de la homónima provincia **caribeña** en el norte de Colombia, donde vivía su familia. **Se trata de** un crimen que ocurrió en 1951. Un buen amigo de García Márquez, Cayetano Gentile Chimento, fue asesinado por los hermanos de Margarita Chica. Miguel Reyes Palencia descubrió que Margarita, su esposa, no era virgen y ella **acusó** a Cayetano de ser el responsable. Los hermanos lo esperaron delante de su casa y lo mataron con machetes.

el asesinato
murder, killing

caribeño/a
Caribbean

tratarse de
to be a question of

acusar to accuse

The novel is based on a horrifying revenge murder that took place in 1951 in the small town of Sucre. The reasons for the killing, and the barbarous way in which it was carried out, point to a society whose values are questionable nowadays. García Márquez, who was working in Barranquilla as a journalist at the time, was despatched to Sucre to report on the incident. As the victim was a good friend of his, the murder had a lasting emotional impact on him, so much so that he continued to investigate it; eventually, some 30 years later, *Crónica de una muerte anunciada* was published. Many specific details are echoed in the novel: the husband returned the wife who had lost her virginity to her family; the woman's brothers took revenge; they waited for the accused outside his door; they hacked him to death mercilessly; his mother barred the door; nobody attempted to prevent the killing; the brothers were acquitted after a year in prison.

In reconstructing this horrific event, García Márquez placed it in its context, examining the motivation of the many characters involved, and in so doing cast light on the flawed values and institutions of the period.

CRÓNICA DE UNA MUERTE ANUNCIADA

El pueblo y sus costumbres

▲ Plaza de un pueblo colombiano

presenciar
to witness

la ganadería cattle breeding

el/la alcalde/esa
mayor

destacar
to stand out

El narrador de *Crónica de una muerte anunciada* examina las actitudes del montón de gente que **presenció** el crimen. Se trata de un pueblo remoto muy tradicional: el único medio de transporte para llegar allí es el río, la gente se comunica con el mundo exterior por medio del telégrafo, la principal actividad es agrícola (la **ganadería** y el cultivo del trigo). Márquez describe costumbres caribeñas colombianas, como tomar "café cerrero" o hacer "carimañolas de yuca"; también se pueden observar criadas negras que trabajan en la casa de Santiago Nasar. Los poderes político y religioso, representados por el **alcalde** y el cura, son considerados celebridades. El Palacio Municipal se encarga de la organización de la localidad y la iglesia se ocupa de la vida moral del pueblo. **Destaca** la gente rica, como Santiago Nasar y Bayardo San Román. Se pueden distinguir dos comunidades: los "nativos" y la comunidad árabe, inmigrantes de tercera generación.

The novel is set against the background of a small, traditional backwater in which the crime took place, and covers important aspects of the way of life of the townsfolk. This backdrop is an essential part of an investigation by the narrator. The significant figures in the community all participate in the drama. Wealth and poverty play an important part in the novel: immigrants such as Santiago Nasar have prospered and he has a lifestyle suited to his wealth; Bayardo San Román is profligate with money as he woos the daughter of a poor family, to the surprise of the townsfolk. The society that García Márquez depicts is a rigid one whose values and customs show a strong attachment to the past.

Key quotation

… el río era tan servicial que muchas barcazas de mar, e inclusive algunos barcos de altura, se aventuraban hasta aquí a través de las ciénagas del estuario.

Build critical skills

1 Encuentra tres citas que muestren la estructura tradicional del pueblo en que ocurrió el crimen.

Los roles de los hombres y de las mujeres

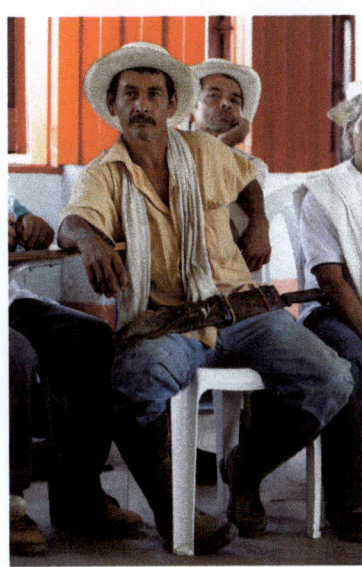

▲ Hombres colombianos en una reunión de un pueblo

La novela retrata una sociedad patriarcal, en la que ambos sexos tienen un papel bien definido. Los valores de la familia Vicario son típicos de aquella sociedad: la mujer es criada para casarse y el hombre es el que **manda**. La mujer no tiene libertad sexual: si tiene una relación con un hombre antes de casarse con otro, como Ángela Vicario, ella pierde su valor (ya que se pierde su pureza) y su estatus. Por el contrario, el hombre es el cabeza de familia, trabaja para mantenerla y tiene mucha libertad: el **prostíbulo** local existe para satisfacer sus deseos sexuales extramatrimoniales. Si otro hombre **agravia** la reputación de familia, como ocurre con Santiago Nasar, quien ha ofendido el honor de los Vicario, un **varón** de la casa, en este caso los gemelos Vicario, es quien tiene que restablecer su reputación.

mandar to order, to be in command

el prostíbulo brothel

agraviar to offend

el varón male, man

All citizens in this society, rich and poor, accept that the behaviour expected of men and women is radically different. Young women are subject to rigorous control on the part of their families. The decision about whom a daughter will marry is taken by her parents; it is of no consequence whether she loves the man she is to marry or not. A woman must remain a virgin in order to be marriageable; if she does not, as in Ángela Vicario's case, this can have devastating consequences. According to custom, an offence such as Ángela's, which dishonours the family, must be avenged by a male member of the family. In this case, her brothers are duty bound to restore their family's reputation. The 'honour code', which survives from the times of the Spanish colonies, especially in small communities, is seen as an inexorable law. The role of a woman is limited to specific duties when she is married; she brings her daughters up to adhere to the behaviour that society dictates — the bearing and upbringing of children and household activities, such as embroidery, washing and ironing — and she ensures that traditional values are passed onto the next generation. Thus, when Ángela Vicario is returned to the family home by Bayardo San Román because she is not a virgin, Pura Vicario beats her. By contrast, the male in this *machista* society rules the roost and has few limitations to his behaviour.

Key quotation

Los hermanos fueron criados para ser hombres. Ellas habían sido educadas para casarse.

TASK

1 Busca en la novela dos ejemplos del comportamiento social de un hombre joven.

While men protect the virginity of their womenfolk jealously, they themselves make full use of the town brothel as part of their sexual education. The narrator tells us that the keeper of the brothel, María Alejandrina Cervantes, is 'quien arrasó con la virginidad de mi generación'.

La justicia de la época

En esta novela, la justicia, como se expone en el Código Penal colombiano de aquella época, podía **otorgar** el perdón judicial a una persona que "cometiera una ofensa en estado de intenso dolor", por ejemplo, habría perdonado a un hombre que hubiera matado a otro, acusado de **desvirgar** a una mujer. Cuando los hermanos de Ángela confiesan su responsabilidad por la muerte, se sienten justificados ante la sociedad porque fue un acto en defensa del honor de la familia. Sin embargo, el Estado tuvo que investigar el asunto y entonces un **juez instructor** fue nombrado para **redactar** un **sumario** del caso. Este representante de la **ley** concordó con esta **costumbre** bárbara: "atestó la tesis del homicidio en legítima defensa del honor". Luego, el **tribunal** de conciencia **llevó a cabo el juicio**.

otorgar
to grant, to give

desvirgar
to deflower

el juez instructor
examining magistrate

redactar
to write up

el sumario
(legal) summary

la ley the law

la costumbre custom

el tribunal court

llevar a cabo un juicio
to make a judgement

Key quotation

Doce días después del crimen, el instructor del sumario se encontró con un pueblo en carne viva.

This murder case shows the legal procedure at that time. A killing has taken place and so the authorities have to act to determine exactly what has happened. An examining magistrate is despatched to the town to try to ascertain the truth, noting down the facts in an extensive *sumario*. The narrator is able to access most of the report. He notes that the magistrate was unable to find any evidence of Santiago Nasar's guilt. The verdict of the *tribunal de conciencia* shows how the law was supportive at that time of a social custom that legitimised murder in a case of dishonour, a verdict that is no longer possible in Colombian law.

The Vicario twins considered themselves to be innocent and were unrepentant. Their action appears to have had the passive support of the majority of the townsfolk, who gather at the square to witness the killing. Law at a local level is normally carried out by an *alcalde*, in this case Colonel Lázaro Aponte. He is shown to be neglectful: instead of acting immediately to prevent the killing he goes into the *Club Social* to confirm that he will be playing dominoes that evening. Further, he knows that the autopsy carried out by el padre Amador has no legitimacy, but he still goes ahead with it. Márquez is clearly criticising the justice of the time.

TASK

2 Explica el papel del juez instructor en la quinta parte de la novela. ¿Qué conclusión sacó de su investigación sobre la muerte de Santiago Nasar?

Build critical skills

2 Examina lo que la novela te dice de cómo se impartía la ley en la Colombia de aquella época. ¿Cuál es la opinión del autor?

2 Social and historical context

La Iglesia en la Colombia rural

▲ Iglesia en Cartagena de Indias, Colombia

La novela nos muestra una imagen poco atractiva de la Iglesia Católica de la época. El **clero** se interesa más por la forma de la religión y sus **ritos** que por la vida espiritual de los **ciudadanos**. El obispo que visita el pueblo y el cura del lugar, el padre Amador, solo muestran su autoridad delante del pueblo. Para los pueblerinos, la visita de un obispo es un evento de gran importancia. Bien vestidos, en cuanto oyen los **bramidos** del buque todos corren al **muelle** para dar la bienvenida a este hombre, con gallos como regalo para su sopa, un plato burgués y decadente. El obispo, sin embargo, no baja del buque sino que hace la señal de la cruz en el aire antes de irse, a distancia al pueblo y sus problemas, e incluso trata a los **fieles** con **menosprecio**. Al clero del pueblo, representado por el padre Carmen Amador, no parece interesarle un asesinato. El cura se preocupa tanto por el obispo –la autoridad– que se le olvida advertir a la madre de Santiago Nasar que iban a matarlo.

The presence of the Catholic Church is fundamental in Latin-American society. Its two principal representatives in the novel, the bishop and the local priest, show the Church in an ironic, unflattering light. They are portrayed as being less interested in the spiritual wellbeing of the people than in temporal matters and in maintaining their authority; the townspeople are characterised as credulous, and religion more as superstition than as a sincere belief. The bishop does not deign to set foot in the town. The local priest, Father Amador, is so absorbed in the bishop's visit that he shows little concern for the life of one of his parishioners; it is significant that he first thought that the murder was none of his business and ought to be dealt with by the mayor. The attitude of the Church to the honour killing is also revealing: the priest considers that the killers have acted with great dignity in confessing to their crime and giving themselves up in the church, and that they are innocent before God. The priest's judgement is tantamount to accepting that it is morally acceptable for the men to avenge themselves by taking the law into their own hands. Márquez is clearly voicing a damning criticism of the Catholic Church.

el clero clergy

el rito rite, ritual

el/la ciudadano/a citizen

el bramido booming, roaring

el muelle quay

los fieles the faithful

el menosprecio scorn

Key quotation

–Lo matamos a conciencia –dijo Pedro Vicario–, pero somos inocentes.

–Tal vez ante Dios –dijo el padre Amador.

TASK

3 Busca dos citas que muestren **(a)** cómo se comportaba la gente del pueblo ante el clero y **(b)** la actitud del clero hacia la gente del pueblo.

CRÓNICA DE UNA MUERTE ANUNCIADA

La comunidad árabe de Colombia

desflorar to deflower

la baratija trinket

despectivo/a derogatory

Santiago Nasar, el hombre acusado de haber **desflorado** a Ángela Vicario, pertenecía a la comunidad árabe del pueblo. Los árabes fueron una de las colonias más importantes de inmigrantes de Colombia durante el siglo XX. Muchos de ellos se instalaron en la región del Caribe. Según García Márquez, "allí se quedaron vendiendo trapos de colores y **baratijas** de feria". Aunque a veces había tensión entre los lugareños y los árabes (el término "turco" para referirse a estos puede ser **despectivo**), por lo general las dos comunidades estaban bastante bien integradas. La gran mayoría de los inmigrantes árabes eran "unidos, laboriosos y católicos".

The community of immigrant Arabs that exists side by side with the local one retains a strong sense of identity. Nahir Miguel, 'el varón sabio de la comunidad' wishes to marry his daughter to Santiago Nasar and the match is decided by the parents. There is, however, intermarriage between Arabs and locals, as in the case of Santiago Nasar's family. The community has a wealthy representative in Santiago Nasar, who has become rich as a result of the efforts of his father. He is shown to be well integrated into this society, being a generous donor of gifts to the visiting bishop. Racial prejudice manifests itself occasionally: Pablo Vicario suspects his brother might have been poisoned by 'los turcos' while in prison, but it is clear that the community is a peaceful one which would not wish for vengeance. The pursuit of the killer by Arabs immediately after the deed is a natural reaction of outrage by that community to the assassination of one of their own, but this fizzles out in the heat of the moment and poses no further threat to public order; the Arabs feel only sadness and confusion at what has happened, a reaction that is in keeping with their history in Colombia.

Key quotation

[de los árabes] De modo que no era concebible que fueran a alterar de pronto su espíritu pastoral para vengar una muerte cuyos culpables podíamos ser todos.

GRADE BOOSTER

```
It is important to research the context of a novel
thoroughly when preparing for the exam, in order to
understand historical and/or social references, the
attitudes that existed at the time and the conditions
in which people lived. Such research helps you to enter
the mindset of characters and understand their actions.
Be aware that any views expressed on the behaviour of
people or institutions by the author or the characters
might be critical of them.
```

Actividades

1 Contesta las siguientes preguntas en español, utilizando tus propias palabras.
 1. ¿Por qué esta historia conmovió tanto a García Márquez?
 2. ¿En qué se parece el crimen de la novela al crimen real? Menciona tres detalles.
 3. Según García Márquez, ¿cuál fue su interés principal al escribir sobre este crimen?
 4. ¿Por qué era importante que una mujer no tuviera relaciones sexuales antes de casarse?
 5. ¿Por qué se consideraban inocentes los hermanos Vicario?
 6. ¿Qué imagen da el autor de los representantes de la Iglesia Católica en esta novela?
 7. ¿Por qué hay una presencia importante de árabes en la novela?
 8. ¿Cómo retrata García Márquez a la comunidad árabe en la novela?

2 Decide si las siguientes oraciones son verdaderas o falsas. Si son falsas explica por qué.
 1. El incidente verdadero aconteció en un pueblo costero.
 2. En aquella sociedad, el varón era quien tenía el deber de vengarse de una afrenta contra la reputación de la familia.
 3. En esta novela, García Márquez señala la necesidad de reformar la ley actual colombiana con referencia a los crímenes provocados por ofensas contra el honor.
 4. Los hermanos Vicario llevan a cabo su intención de matar a Santiago Nasar a pesar de los esfuerzos del cura por impedirlo.
 5. En la sociedad del pueblo, las hijas no tenían el derecho a decidir por sí mismas con quién iban a casarse.
 6. Gracias al alcalde, los árabes no llevaron a cabo su intención de vengarse por el asesinato de Santiago Nasar.

3 Completa las siguientes oraciones referidas al contexto histórico y social de la novela con tus palabras y los verbos en la forma más apropiada:
 1. En la realidad, García Márquez estaba en Barranquilla cuando sucedió el crimen, mientras que en la historia ficticia…
 2. Para viajar al pueblo en el que ocurrió el crimen, era necesario…
 3. En aquella sociedad de los años 50, los hombres tenían una libertad sexual completa; por el contrario, las mujeres…
 4. Como había ocurrido un asesinato en el pueblo, fue necesario que el Estado mandara…
 5. Mucha gente fue al muelle para ver al obispo y esperaban que bajara del buque, pero…
 6. Cuando los lugareños querían tratar a los árabes como grupo o de manera despectiva…

CRÓNICA DE UNA MUERTE ANUNCIADA

4 Lee el siguiente texto y complétalo con la palabra más adecuada de las tres posibilidades:

Crónica de una muerte anunciada cuenta la historia de un asesinato llevado a cabo por dos hermanos que no querían matar a su víctima. El dilema que tenían era que su hermana había perdido su virginidad y el **1** *autor/progenitor/padre del deshonor era su amigo. Cuando un hombre* **2** *perdía/manchaba/robaba el honor familiar, la costumbre de aquel tiempo* **3** *detenía/obligaba/dejaba a un hombre de la familia a vengarse del culpable. Para comprender bien esta novela, es importante tener en cuenta del interés del autor en* **4** *negar/señalar/aprobar que la gente del pueblo tiene mucha responsabilidad. García Márquez dijo en su autobiografía,* Vivir para contarla, *que en esta novela, basada en un suceso* **5** *ficticio/real/urbano, "lo que me interesaba ya no era el crimen mismo sino el tema literario de la responsabilidad* **6** *personal/única/colectiva." Así, la sociedad misma, con sus costumbres* **7** *pintorescas/nuevas/anticuadas, es tan responsable de la muerte como los hermanos. Pero ¿no era* **8** *culpable/libre/saludable también la ley del país, que declaraba que se trataba de un homicidio cometido en legítima defensa del honor? ¿O la Iglesia, porque el cura sugiere que Dios* **9** *ayuda/perdona/condena a los que matan por un asunto de honor?*

2 Social and historical context

El contexto histórico y social

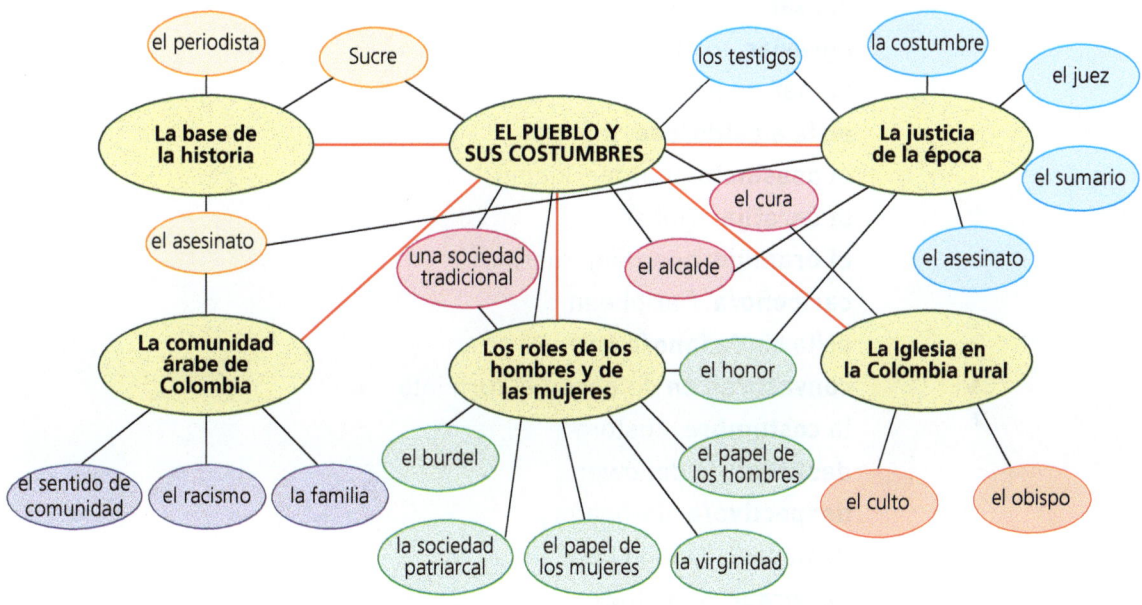

Vocabulario

acusar to accuse
agraviar to offend
alabar to praise
el/la alcalde/esa mayor
el asesinato murder, killing
la baratija trinket
el bramido booming, roaring
caribeño/a Caribbean
el/la ciudadano/a citizen
convertirse en to become, turn into
la costumbre custom
desflorar to deflower
despectivo/a derogatory
destacar to stand out
desvirgar to deflower
emprendedor(a) enterprising
enriquecerse to get rich
los fieles the faithful
la ganadería cattle breeding
el juez instructor examining magistrate
la ley the law
llevar a cabo un juicio to make a judgement
mandar to order, be in command
el menosprecio scorn
el muelle quay
otorgar to grant, to give
presenciar to witness
el prostíbulo brothel
el/la pueblerino/a townsperson
redactar to write up
el rito rite, ritual
señalar to point to
el sumario (legal) summary
tratarse de to be a question of
el tribunal court
el varón male, man
la venganza revenge

3 Chapter summaries

1: primera parte

A las 5.30 de una mañana del lunes, Santiago Nasar se levantó para esperar el buque en que llegaba el obispo. Había dormido poco y mal después de la **parranda** de la boda del día antes. Salió de la casa a las 6.05, una hora antes de que lo mataran. En la calle encontró a muchas personas; algunas de ellas recordaron que era un día hermoso, otras que lloviznaba.

Su madre, Plácida Linero, recordó los detalles de aquella mañana cuando hablaba con el narrador, quien había vuelto al pueblo 27 años después para recomponer la historia. Santiago tenía 21 años; era un chico alegre y pacífico. Se parecía a su padre, Ibrahim, quien había muerto 3 años antes.

Cuando Santiago entró, la cocinera de la familia, la negra Victoria Guzmán, estaba en la cocina con su hija, Divina Flor, y la chica le sirvió un café. El muchacho **agarró** la muñeca de la joven y la madre lo amenazó con un cuchillo, porque le parecía que Santiago iba a seducir a su hija como su padre Ibrahim la había seducido a ella.

Se oyó el bramido del buque del obispo en el río. Mientras tanto, en la plaza, al otro lado de la puerta principal de la casa, los asesinos de Santiago lo esperaban. Santiago salió por aquella puerta para recibir al obispo, lo que fue raro porque tenía que **dar la vuelta** completa a la casa para llegar al puerto. El juez la llamó "la puerta fatal".

Divina Flor admitió muchos años después que aunque ella y su madre sabían que los **asesinos** estaban fuera, Victoria Guzmán no quiso decirlo porque en el fondo de su alma quería que lo mataran. Alguien que nunca fue identificado había dejado un papel debajo de la puerta **avisando** a Santiago del peligro, pero nadie vio la nota. En la tienda de leche de Clotilde Armenta, los **gemelos** Pedro y Pablo Vicario se estaban preparando para cometer el asesinato. Clotilde les pidió que abandonaran su **propósito** por respeto al obispo.

la parranda party, spree

agarrar to grasp

dar la vuelta to go round

el/la asesino/a killer

avisar to warn

el/la gemelo/a (identical) twin

el propósito intention

Key quotation

Divina Flor me confesó en una visita posterior, cuando ya su madre había muerto, que ésta no le había dicho nada a Santiago Nasar porque en el fondo de su alma quería que lo mataran.

CRÓNICA DE UNA MUERTE ANUNCIADA

> **GRADE BOOSTER**
>
> In this novel, past events are filtered through the memory of the narrator, an investigative journalist. He pays little attention to the chronological sequence of events, frequently moving backwards and forwards in time. When answering exam questions make sure that you have a clear grasp of the content of each chapter and the order in which the narrator organises his evidence.

Activity

1 Llena los espacios con palabras del recuadro. ¡Cuidado! Sobran cuatro palabras.

alma	investigó	cocinera
salir	había prevenido	vieja
patrón	entrevistó	contenta
resentida	árabe	gitana
volver	joven	

Santiago Nasar, un joven rico de origen **1** .... , *se levantó a las 5.30 porque quería ir al muelle para ver al obispo, que visitaba el pueblo. Antes de* **2** .... *de la casa pasó por la cocina, donde estaban la* **3** .... , *Victoria Guzmán, y su hija, Divina Flor, para tomar un café. Alguien había informado a Victoria Guzmán que iban a matar a Santiago, pero ella decidió no decir nada a su* **4** .... *Cuando el narrador de esta historia* **5** .... *la tragedia años después, Victoria Guzmán le dijo que no* **6** .... *a Santiago porque pensó que eran "habladas de borracho". Sin embargo, después de la muerte de la cocinera, el narrador* **7** .... *a Divina Flor, quien admitió que su madre decidió no prevenir a Santiago porque en el fondo de su* **8** .... *quería que lo mataran. Es posible que Victoria Guzmán se sintiera* **9** .... *porque Santiago había intentado seducir a Divina Flor, así como el padre de Santiago, Ibrahim, la había seducido a ella cuando era* **10** ....

1: segunda parte

el muelle quay, wharf

la madrugada small hours of the morning

En el **muelle** se habían amontonado muchos gallos y mucha leña, que la gente del pueblo había traído como regalos para el obispo. Este empezó a hacer la señal de la cruz en el aire y luego el buque se fue. Esto debe de haber sido una gran decepción para Santiago, que había contribuido con muchos regalos; sin embargo, estaba de buen humor. Había estado de parranda hasta casi las cuatro de la **madrugada**. Margot, la hermana del narrador, invitó a Santiago a desayunar en su casa. Santiago aceptó, pero primero fue a su casa para cambiarse de ropa. A las 6.25, se marchó con su amigo Cristo Bedoya.

3 Chapter summaries

Mucha gente que estaba en el muelle aquel día sabía que iban a matar a Santiago. Don Lázaro Aponte, el alcalde municipal, y el padre Carmen Amador habían oído la noticia, pero no creían que el joven **corría peligro**. Sin embargo, Margot y su madre, Luisa Santiaga, no habían oído nada. Después de la partida del obispo se enteraron del escándalo: Ángela Vicario, quien se había casado el día anterior, había sido **devuelta** por su esposo a su casa familiar porque no era virgen. Margot no podía entender cómo Santiago se habría involucrado en semejante **enredo**, y cuando volvió a su casa para desayunar, le dijo a su madre que debía quitar el puesto de Santiago y le explicó por qué. Enseguida su madre fue a visitar a su comadre Plácida Linero. Mientras iba a la casa de Santiago, alguien le gritó que ya habían matado a Santiago Nasar.

correr peligro
to be in danger

devolver
to give back
el enredo
tangle, mess

Key quotation

Nadie se preguntó siquiera si Santiago Nasar estaba prevenido, porque a todos les pareció imposible que no lo estuviera.

Activity

2 Solo tres de las siguientes oraciones son verdaderas. ¿Cuáles son?
  1 El obispo hizo la señal de la cruz antes de bajar al muelle.
  2 A Santiago no le molestó que el obispo se fuera sin agradecer a la gente del pueblo.
  3 Santiago había pasado gran parte de la noche de juerga.
  4 Santiago no pensaba desayunar porque estaba cansadísimo.
  5 La familia del narrador fue la primera en saber la noticia de que iban a matar a Santiago.
  6 Los recién casados solo estuvieron juntos unas pocas horas.

Build critical skills

1 Comenta por qué el narrador quiere reconstruir esta historia, según lo que dice en este capítulo. ¿Cómo la narra (por ejemplo, con qué datos)?

2: primera parte

Bayardo San Román había llegado al pueblo 6 meses antes de la boda. Rondaba los 30 años, era esbelto y atractivo. Era un hombre misterioso. Venía al pueblo para buscar con quien casarse, parecía capaz de todo y le **caía bien** a la gente.
No se sabe muy bien cómo Bayardo conoció a Ángela Vicario, pero parece que él la vio un día en la plaza y decidió en aquel momento casarse con ella. Sí se sabe que se conocieron por primera vez en las fiestas de octubre, cuando Ángela estaba encargada de **cantar las rifas**. Bayardo ganó el premio, una **ortofónica**, y se lo dio a Ángela como regalo. Sus hermanos, Pedro y Pablo, debían devolvérsela, pero no pudieron resistir el encanto de aquel hombre y, después de **emborracharse** con él, volvieron a casa con la ortofónica y con Bayardo.

caer bien (a alguien)
to be liked by (someone)
cantar las rifas
to sing out the winning numbers in the raffle
la ortofónica
(Col) gramophone
emborracharse
to get drunk

CRÓNICA DE UNA MUERTE ANUNCIADA

desamparado/a
defenceless

la propuesta
proposal

Los Vicario eran una familia pobre pero honrada. El padre, Ponce Vicario, había perdido la vista. Los dos hijos habían sido criados para ser hombres y las cuatro hijas para casarse. Ángela era la más bella de ellas, pero era una chica **desamparada** y pobre de espíritu. Bayardo y ella no parecían compatibles. Sin embargo, la familia de Ángela tomó la **propuesta** muy en serio: la madre, Pura (Purísima) Vicario, insistió en que Bayardo acreditara su identidad. Así, el forastero trajo a toda su familia al pueblo: la madre, una mulata, su padre, un general famoso, llamado Petronio San Román, y sus dos hermanas.

Ángela no quería casarse con Bayardo, porque no estaba enamorada de él. Bayardo no intentó seducirla sino que hechizó a su familia con sus encantos. La familia le impuso a Ángela la obligación de casarse con él porque creía que no tenía derecho a **rechazar** un matrimonio tan favorable. El **noviazgo** solo duró 4 meses. Para probar su amor por Ángela, le compró la casa del viudo de Xius, aunque el viudo no quería vendérsela.

rechazar
to reject

el noviazgo
engagement, courtship

▲ Bayardo San Román negociando la compra de la casa del viudo de Xius (fotograma de la película de 1987)

TASK

1 Examina la actitud de los varios miembros de la familia Vicario hacia la propuesta de matrimonio que hizo Bayardo San Román. Comenta cómo consigue ganar la mano de Ángela Vicario.

Key quotation

Ángela Vicario no olvidó nunca el horror de la noche en que sus padres y sus hermanas mayores con sus maridos… le impusieron la obligación de casarse con un hombre que apenas había visto.

Activity

3 Llena los espacios con la forma más adecuada del pasado (indicativo o subjuntivo) de los verbos entre paréntesis.

Bayardo San Román, un forastero misterioso, **1** .... *(venir) al pueblo para buscar esposa. En cuanto* **2** .... *(ver) a Ángela Vicario* **3** .... *(enamorarse) de ella y* **4** .... *(empezar) a frecuentar a su familia, para que le* **5** .... *(dar) permiso de tener a la chica como su mujer. La familia Vicario* **6** .... *(ser) pobre, pero de buena reputación en la comunidad, y le* **7** .... *(importar) que su futuro pariente* **8** .... *(acreditar) su identidad. Lo malo* **9** .... *(ser) que Ángela no* **10** .... *(estar) enamorada de Bayardo. Sin embargo, ella* **11** .... *(tener) que aceptar la decisión de sus padres: en esa época, la hija no* **12** .... *(tener) el derecho de elegir a su esposo por sí misma.*

2: segunda parte

◀ La boda de Bayardo San Román y Ángela Vicario (fotograma de la película de 1987)

Aunque Ángela Vicario no había tenido novio y su madre la controlaba mucho, nadie sabía que no era virgen. Durante el noviazgo, la familia hizo todo por guardar su honra. Ángela quería suicidarse, pero no tuvo el valor. Además, dos amigas la disuadieron de esa intención, insistiendo en que podía cubrir la pérdida de su virginidad mediante ciertas **artimañas**. Bayardo planificó una fiesta grandiosa para celebrar la boda. Su padre, el general Petronio San Román, vino con muchas personas ilustres, que trajeron muchísimos regalos, bailarines y orquestas. Los Vicario convirtieron su humilde casa en un sitio digno de una boda de tal **envergadura**. El **acto** oficial terminó a las 6 de la tarde y comenzó la parranda. Los recién casados aparecieron en su nuevo automóvil convertible y poco después se marcharon a su casa, mientras la parranda continuó hasta la media noche. Santiago, Cristo Bedoya, el narrador y su hermano Luis se fueron a la casa de la prostituta María Alejandrina Cervantes; también pasaron por allí los hermanos Vicario, y todos bebieron y cantaron juntos. Pura Vicario se había acostado a las 11 de la noche. Se despertó cuando tocaron a la puerta. Al abrirla, vio a Bayardo, quien **empujó** a su esposa hacia el interior de la casa, sin decir nada. Bayardo besó a Pura Vicario, agradeciéndole por todo y se fue. Furiosa, Pura **golpeó** a su hija durante 2 horas. Cuando los gemelos volvieron a la casa, le preguntaron quién le había quitado la virginidad. Ella **vaciló** un momento y luego dijo "Santiago Nasar".

la artimaña trick, ruse

la envergadura importance, magnitude
el acto ceremony

empujar to push

golpear to strike, beat
vacilar to hesitate

Activity

4 Busca en el texto sinónimos de las siguientes palabras:
1 cortejo
2 coraje
3 magnífica
4 cambiaron
5 juerga
6 coche
7 dando las gracias
8 pegó

CRÓNICA DE UNA MUERTE ANUNCIADA

GRADE BOOSTER

If you have seen the film of *Crónica de una muerte anunciada*, be careful not to confuse specific details in the film with what happens in the book. Although the film is quite faithful to the book, there are a number of changes in detail. In the novel, for example, when Ángela Vicario is returned to her mother, she is soundly beaten by her; in the film Pura Vicario just pushes her daughter. Furthermore, in a book that has so many peripheral characters, some minor characters are omitted from the film.

3: primera parte

el/la abogado/a lawyer

rendirse to give oneself up

el juicio judgement

El tribunal aceptó la tesis del **abogado** de que fue un homicidio en legítima defensa del honor. Los gemelos declararon que lo habrían vuelto a hacer mil veces. Después de matar a Santiago fueron, agotados, a la Casa Cural para **rendirse**, perseguidos por un grupo de árabes enfurecidos. El cura recordó que fue un acto de gran dignidad: los gemelos le dijeron que eran inocentes y que se había tratado de un asunto de honor. Luego pasaron 3 años en la cárcel de Riohacha esperando el **juicio**. En realidad, los hermanos habían intentado evitar la obligación de matar a Santiago, pero no habían tenido éxito.

◀ Los hermanos Vicario se rinden en la iglesia (fotograma de la película de 1987)

afilar to sharpen

No hubo nunca una muerte tan anunciada. Los hermanos Vicario buscaron los cuchillos que usaban para matar cerdos y fueron a **afilar**los en el mercado de carnes. Faustino Santos, un carnicero, afirmó que a las 3.20 le dijeron que iban a matar a Santiago Nasar. Veintidós personas habían oído lo que dijeron y tenían la impresión de que los gemelos querían que los oyeran. No obstante, nadie les hizo caso porque tenían la reputación de ser gente buena; además, la gente creía que estaban

3 Chapter summaries

borrachos. Faustino Santos tenía dudas, y se puso en contacto con un agente de la policía, Leandro Pornoy. Este visitó la tienda de Clotilde Armenta mientras los gemelos estaban esperando allí.

Clotilde Armenta abrió la tienda a las 3.30 de la madrugada. Los hermanos entraron a las 4.10. Mientras tanto, Leandro Pornoy reveló las intenciones de los gemelos al coronel Lázaro Aponte. Primero, el alcalde no lo **tomó en serio**, pero su esposa le dijo que Bayardo San Román había devuelto a Ángela Vicario. Entonces, decidió ir a la tienda de Clotilde Armenta, donde quitó los cuchillos a los gemelos y los mandó volver a casa a dormir. Clotilde creía que debería haberlos arrestado, pero el alcalde no quiso detener a nadie solo por sospechas.

Los hermanos habían declarado su intención a muchas personas que fueron a comprar leche de la tienda. Clotilde pensó, lógicamente, que debían saberlo también en la casa de Plácida Linero, pero pidió a mucha gente que **previniera** a Santiago donde lo vieran. Inclusive advirtió al padre Amador y mandó un **recado** urgente a Victoria Guzmán.

tomar en serio to take seriously

prevenir to warn
el recado message

Key quotation

... *los hermanos Vicario no hicieron nada de lo que convenía para matar a Santiago Nasar... sino que hicieron mucho más de lo que era imaginable para que alguien les impidiera matarlo, y no lo consiguieron.*

TASK

2 Explica lo que hicieron los hermanos Vicario para evitar su "deber" de matar a Santiago. ¿Por qué algunas personas no les hicieron caso y otras tomaron su declaración en serio?

Activity

5 Decide si las siguientes oraciones referidas a esta parte del capítulo son verdaderas o falsas. Si son falsas explica por qué.
1. Los gemelos confesaron ante el cura que eran culpables.
2. El cura pensó que el comportamiento de los gemelos era loable.
3. Los hermanos Vicario informaron a mucha gente de su intención, para impedir que Santiago muriera.
4. Faustino Santos fue a la tienda de Clotilde Armenta para hablar con los gemelos.
5. En cuanto fue avisado de la intención de los gemelos, el alcalde fue a la plaza a desarmarlos.
6. Clotilde Armenta no estaba satisfecha con la decisión del alcalde.

CRÓNICA DE UNA MUERTE ANUNCIADA

3: segunda parte

el desacuerdo
disagreement

dar por cumplido
to consider to be fulfilled

los recién casados
newlyweds

sonar to ring

Key quotation
Nunca hubo una muerte más anunciada.

Los gemelos buscaron otros dos cuchillos, y volvieron a la tienda de Clotilde Armenta. Volvieron a decir que iban a matar a Santiago Nasar, pero esta vez parecían menos decididos y habían tenido su primer **desacuerdo**; Pablo Vicario era más resuelto, Pedro más autoritario. Pedro había hecho el servicio militar y había madurado su vocación de mando: él fue quien decidió matar a Santiago; sin embargo, también **dio por cumplido** su compromiso al ser desarmados por el alcalde. Entonces Pablo asumió el mando, y con dificultad convenció a su hermano de que siguieran con su intención. Antes de llegar a la plaza, tomaron café en la casa de la novia de Pablo, Prudencia Cotes.

A las 4.20, Santiago volvió a su casa, se acostó y durmió una hora. Entonces Victoria Guzmán lo despertó para ir a ver al obispo. Hasta después de las 3 había estado con el narrador y sus amigos en la casa de la prostituta María Alejandrina Cervantes. Alrededor de las 4, los amigos fueron a la casa del viudo de Xius para cantarles a los **recién casados**. No sabían que Bayardo había llevado a su esposa a la casa de sus padres 2 horas antes y que estaba a solas con las luces apagadas. Luego, Santiago se fue con Cristo Bedoya y se despidió de él en la entrada posterior de su casa. Victoria Guzmán le ofreció café al entrar, pero él le dijo que lo tomaría más tarde. Un instante después, la cocinera recibió el recado de Clotilde Armenta.

El narrador durmió en el burdel hasta que empezaron a **sonar** las campanas. Su hermano, Luis Enrique, pasó por la tienda de Clotilde Armenta, donde Pablo Vicario dijo que iban a matar a Santiago Nasar. Luis Enrique, que estaba borracho, no lo recordó después. Clotilde pensaba que el padre Amador no había recibido su mensaje pero, años después, este confirmó que lo había recibido y no supo qué hacer. Se le olvidó decir algo a Plácida Linero porque llegaba el obispo. Luis Enrique volvió a su casa y durmió hasta que su hermana la monja lo despertó gritando "¡Mataron a Santiago Nasar!"

Activity

6 ¿De quién se trata?
 1 Los hermanos tomaron café con ella antes de volver a la plaza.
 2 Era la propietaria del comercio.
 3 Trabajaba en un prostíbulo.
 4 Obligó a su hermano a seguir con su propósito.
 5 Acompañó a Santiago Nasar a la puerta de su casa.
 6 Fue informada de la noticia cuando Santiago había vuelto a casa.
 7 Su hermano había bebido tanto que no se acordaba de nada.
 8 No entregó el mensaje a la madre de Santiago Nasar.

4: primera parte

El coronel Aponte ordenó al padre Amador que hiciera la autopsia, por ausencia del doctor Dionisio Iguarán. El gobernador de la provincia autorizó al alcalde para hacer las diligencias preliminares mientras mandaban a un **juez instructor**. Mucha gente fue a ver el cuerpo en la escuela pública. Los perros **aullaban** por el cadáver, y los encerraron. Cuando se escaparon, enloquecidos, los mataron.

El cura tuvo que comenzar la autopsia (que no era legal) cuando vieron que el cuerpo **se estaba pudriendo**. Se estableció la causa de la muerte y enterraron a Santiago al amanecer del día siguiente.

El alcalde encerró a los hermanos en el **calabozo**, donde estaban a salvo de los árabes; allí pasaron tres noches sin dormir. Los dos sufrieron dificultades distintas: Pedro no pudo orinar ni almorzar; Pablo comió un poco, pero después sufrió una fuerte diarrea. Entonces el alcalde los llevó a su casa hasta que llegara el juez instructor.

Se sospechaba que los hermanos habían sido **envenenados**, como represalia, por los árabes, pero estos eran una comunidad pacífica; no tenían intención de vengar aquella muerte. El alcalde visitó a todas las familias árabes y los encontró confundidos y tristes. La matriarca árabe, Suseme Abdala, ayudó a remediar la diarrea de Pablo y el insomnio de Pedro.

La familia Vicario se marchó del pueblo y nunca volvió. Los gemelos decían que no tenían nada de que **arrepentirse**. Poncio Vicario murió poco después. Cuando los gemelos fueron absueltos, se quedaron en Riohacha. La familia vivía en Manaure entonces, donde Prudencia Cotes se casó con Pablo. Pedro se reintegró a las Fuerzas Armadas y una mañana desapareció con su patrulla.

el juez instructor investigating magistrate
aullar to howl

pudrir(se) to rot

el calabozo prison

envenenar to poison

arrepentirse to repent

Activity

7 Une el principio de las oraciones (1–6) con el final más adecuado (a–h). ¡Cuidado! Sobran dos finales.

1 El doctor no estaba en el pueblo, …
2 Mataron a los perros de la casa…
3 Como el cuerpo de Santiago se estaba pudriendo, …
4 Cuando vio que los hermanos estaban enfermos, …
5 Algunos pensaban que los árabes querían vengarse en los hermanos, …
6 Su madre creía que debían confesarse culpables del crimen, …

a lo enterraron al día siguiente.
b el alcalde llamó al doctor para cuidarlos.
c por lo que los gemelos admitieron su culpabilidad
d por lo que el cura hizo la autopsia.
e pero el alcalde declaró que no era verdad.
f pero los gemelos no se arrepintieron.
g el alcalde decidió hospedarlos en su casa.
h porque se volvieron locos al oler el cuerpo.

CRÓNICA DE UNA MUERTE ANUNCIADA

4: segunda parte

La gran víctima fue Bayardo San Román. Los otros habían cumplido con dignidad: Santiago Nasar había expiado la injuria, los gemelos y Ángela Vicario **se habían desagraviado**. El sábado siguiente, el alcalde fue a ver a Bayardo. Este estaba inconsciente en la cama. Cuando se recuperó, los echó a todos de la casa. Finalmente, su madre y sus hermanas se lo llevaron, borracho, en una hamaca.

Dejaron la casa intacta. El narrador y sus hermanos subían de vez en cuando a explorarla de noche. Durante muchos años no se supo nada de Bayardo. El narrador trató de hablar con él 23 años después, pero él lo recibió agresivamente y se negó a aportar ningún dato del drama. Por el contrario, Ángela Vicario mantuvo el contacto con la familia del narrador (su primo). El narrador la vio 23 años después y ella contestó a sus preguntas con buen juicio. No se parecía nada a la joven de 20 años que habían obligado a casarse sin amor. Su madre quería que muriera en vida, pero su hija no estaba de acuerdo: contaba su desventura con sus **pormenores,** pero nunca revelaba la identidad del hombre que había causado su **perjuicio**. Nadie creía que fuera Santiago Nasar; aunque **mujeriego**, era demasiado arrogante para ella. La gente pensaba que Ángela protegía a alguien y que había elegido a Santiago porque no creía que sus hermanos se atreverían a matarlo. Ángela contó que sus amigas le habían mostrado cómo **fingir** su virginidad y así **engañar** a su esposo. Finalmente, no hizo lo que ellas le aconsejaron, porque para ella todo aquello **era una porquería**.

Después de aquel día, Ángela no cesó de pensar en Bayardo San Román. Se volvió loca por él y empezó a escribirle cartas. Se sentía maestra de su **albedrío**. Continuó escribiéndole cartas cada semana durante 17 años. Un día de agosto, Bayardo llegó a su casa. Llevaba dos maletas, una con su ropa para quedarse, la otra con casi 2.000 cartas que ella le había escrito, todas sin abrir.

desagraviarse
to get one's own back

Key quotation

[de Ángela Vicario]
… a todo el que quiso oírla se la contaba con sus pormenores, salvo el que nunca se había de aclarar: quién fue, y cómo y cuándo, el verdadero causante de su perjuicio…

los pormenores
details

el perjuicio
damage, harm

el mujeriego
womaniser

fingir to pretend

engañar to deceive

ser una porquería
to be despicable

el albedrío
free will

Build critical skills

2 Compara la descripción de Ángela Vicario en este capítulo con la del segundo capítulo. ¿En qué se diferencian? En tu opinión, ¿por qué es así?

Activity

8 Busca en el resumen antónimos de las palabras siguientes:
1. afrentado
2. consciente
3. sobrio
4. dócilmente
5. respuestas
6. viviera
7. humilde
8. cuerda (*adjetivo*)

5: primera parte

En el pueblo no pudieron hablar de otra cosa durante años. Todo el mundo quería saber exactamente qué misión el destino le había dado en la muerte de Santiago Nasar. La mayoría de los que pudieron haber **impedido** el crimen creyeron que no habrían podido hacer nada porque se trataba de un asunto de honor.

El juez instructor que preparó el sumario del crimen llegó 12 días después. En el Palacio Municipal, muchos **testigos** le contaron su papel en el drama. Años después, el narrador buscó el sumario en el Palacio de Justicia de Riohacha. Rescató 332 pliegos sueltos de los 500 que debía de tener el sumario. Reveló que el juez estaba perplejo con el enigma del crimen, y lo que más lo había alarmado fue la falta de **culpabilidad** de Santiago Nasar. Ángela Vicario no dijo más que Santiago fue su "autor". Según el narrador, cuando Santiago supo que le esperaba la muerte, no reaccionó con pánico, sino con dignidad.

El día trágico, mucha gente estaba yendo al muelle al mismo tiempo que él, pero ellos no le dijeron nada a Santiago, aunque sabían que iba a morir. Yamil Shaium, que fue el consejero de la familia de Santiago, fue el único que intentó prevenirlo. Le comunicó la noticia a Cristo Bedoya cuando este se había despedido de Santiago. Enseguida Cristo fue a la casa de su amigo, donde encontró que la puerta del frente estaba sin **tranca** y entreabierta. Adentro encontró a Divina Flor, que le dijo que Santiago no había vuelto a casa. A las 6.56, subió al segundo piso para convencerse de que no había regresado. Vio que su amigo no estaba en el dormitorio y tomó el revólver de Santiago para entregárselo. Plácida Linero apareció en la puerta, pero Cristo no tuvo el valor de decirle la verdad.

Cristo salió de la casa, y en la plaza oyó a Pedro Vicario que lo llamaba. Le dijo que él y su hermano estaban esperando a Santiago para matarlo; en realidad, esperaba que le impidiera cometer el crimen. Clotilde le gritó a Cristo Bedoya que **se diera prisa** para prevenir a su amigo. Mientras tanto, la gente que volvía del puerto tomó sus posiciones para presenciar el crimen. Cristo se encontró con el coronel Lázaro Aponte, quien creía que los gemelos se habían ido a casa para dormir. Cuando se dio cuenta de que habían vuelto con otros cuchillos, prometió **ocuparse de** ellos, pero ya habían cometido el crimen.

impedir to prevent

el testigo witness

la culpabilidad guilt

la tranca bar

> **TASK**
> **3** ¿A qué se refiere la frase "... los asuntos del honor son estancos sagrados a los cuales solo tienen acceso los dueños del drama" en esta parte del capítulo? Explica las reacciones de los ciudadanos teniendo esto en cuenta.

darse prisa to hurry

ocuparse de to deal with

Key quotation

[de los ciudadanos] ... se consolaron con el pretexto de que los asuntos de honor son estancos sagrados a los cuales solo tienen acceso los dueños del drama.

CRÓNICA DE UNA MUERTE ANUNCIADA

> **Activity**
>
> 9 Indica a qué o a quién se refieren las palabras en cursiva en las siguientes frases del resumen.
> 1 Todo el mundo quería saber exactamente la misión que el destino *le* había dado…
> 2 En el Palacio Municipal, muchos testigos le contaron *su* papel en el drama.
> 3 … lo que más *lo* había alarmado fue la falta de culpabilidad de Santiago Nasar.
> 4 … *ellos* no dijeron nada a Santiago, aunque sabían que iba a morir.
> 5 Le comunicó la noticia a Cristo Bedoya cuando *este* se había despedido de Santiago.
> 6 … tomó el revólver de Santiago para entregár*selo*.

5: segunda parte

▲ El asesinato de Santiago Nasar (fotograma de la película de 1987)

Cristo Bedoya fue a buscar a Santiago en la casa de Margot. Antes de llegar, pasó 7 minutos en la casa de un enfermo y cuando salió oyó gritos desde la plaza. Se encontró con Luisa Santiaga, quien le dijo, llorando, que habían matado a su amigo. Mientras Cristo lo había estado buscando, Santiago había entrado en la casa de su novia, Flora Miguel. Flora sabía que los hermanos Vicario tenían la intención de matar a su novio, pero esto le parecía **inconcebible**. Sin embargo, temía que lo obligaran a casarse con Ángela Vicario para que le devolviera la honra; se sentía humillada y lloraba de **rabia**. Ella le dijo "¡Ojalá te maten!" y le

inconcebible
inconceivable

la rabia
fury, rage

devolvió sus cartas de amor. El padre de la muchacha, Nahir Miguel, le informó a Santiago que los gemelos Vicario lo querían matar. El joven se puso pálido y parecía turbado.

En la plaza, la gente que estaba reunida confundió a Santiago, gritándole consejos. Viendo que la puerta principal de su casa estaba abierta, se dirigió allí. Al verlo acercarse, los hermanos Vicario salieron de la tienda para matarlo. Santiago corrió hacia su casa. Victoria Guzmán acababa de decir a Plácida Linero que los gemelos iban a matar a su hijo. Entonces Plácida vio a los hermanos corriendo hacia la casa y pensaba que querían entrar para matarlo. No pudo ver a su hijo, que se acercaba a la puerta desde otro ángulo. Entonces cerró la puerta, pasando la tranca. Oyó los golpes en la puerta, pero creyó que Santiago estaba arriba, en su dormitorio, insultando a los hermanos desde el balcón; ella subió a ayudarlo.

Después de golpear la puerta en vano, Santiago se volvió para **hacer frente a** sus asesinos. Los hermanos lo atacaron con los cuchillos, **hiriéndo**lo de muerte tres veces. Siguieron **acuchillándo**lo contra la puerta de su casa hasta que, finalmente, **cayó de rodillas**. Plácida Linero vio a los gemelos correr hacia la iglesia, perseguidos por algunos árabes. Creyó que el peligro había pasado pero, al salir al balcón, vio a su hijo **ensangrentado** tratando de levantarse. Santiago logró caminar más de 100 metros y entrar por la puerta de la cocina. Cuando entró en su casa, se derrumbó **boca abajo** en la cocina, donde murió.

hacer frente a to face up to
herir to wound
acuchillar to stab
caer de rodillas to fall on one's knees
ensangrentado/a covered in blood
boca abajo face down

Activity

10 Elige la palabra más adecuada de las tres posibilidades para completar el resumen.

Cristo Bedoya buscó por todas partes a Santiago, pero no lo encontró. **1** Frecuentemente/Desafortunadamente/Gracias a Dios, *tuvo que atender a un enfermo, y cuando salió supo que habían matado a su gran amigo. Antes de llegar a su casa, Santiago había pasado* **2** un rato/un día/la noche *en casa de su novia, Flora Miguel. Ella,* **3** encantada/enfurecida/triste *por la noticia de que Santiago había* **4** desflorado/invitado/buscado *a Ángela Vicario, le devolvió sus cartas de amor. Unos momentos* **5** anteriormente/antes/después, *Santiago supo mediante el padre de Flora que los gemelos Vicario tenían la intención de matarlo y* **6** palideció/rió/gritó. *El joven salió a la calle para llegar a su casa lo antes posible. En la plaza, un montón de gente se había juntado para* **7** presenciar/evitar/promocionar *el espectáculo. Santiago corrió hacia su puerta, pero su madre, al no verlo* **8** acercarse/alejarse/salir, *la trancó antes de que pudiera entrar. Es así como los hermanos lo atacaron sin piedad.*

Actividades

1. Capítulos 1 y 2. Contesta las siguientes preguntas en español y con tus propias palabras.
   1. ¿Por qué había dormido mal Santiago Nasar?
   2. ¿Qué tiempo hacía cuando salió?
   3. ¿Cómo saludó el obispo a la gente del pueblo?
   4. ¿Por qué Victoria Guzmán amenazó a Santiago con su cuchillo?
   5. ¿Cómo se sabía que el obispo se acercaba al pueblo?
   6. Al salir por la puerta principal, ¿cómo podría haber sabido Santiago Nasar que corría peligro?
   7. ¿Cómo se sabe que al pueblo le importaba mucho la visita del obispo?
   8. ¿Por qué le interesaba a Santiago cuánto había costado la boda de la noche anterior?
   9. ¿Por qué no fue Santiago a desayunar enseguida?
   10. ¿Qué hizo el esposo de Ángela Vicario con ella? ¿Por qué?
   11. ¿Por qué Luisa Santiaga quitó el puesto de Santiago Nasar de su mesa?

2. Capítulo 3. Cinco de las siguientes afirmaciones son verdaderas. ¿Cuáles son? Si son falsas, explica por qué.
   1. Los hermanos se arrepintieron sinceramente del crimen.
   2. Los hermanos sabían cómo utilizar cuchillos para matar.
   3. Clotilde Armenta estaba conforme con que el alcalde no hiciera más que quitar los cuchillos a los hermanos.
   4. A pesar de que Clotilde Armenta pensaba que la madre de Santiago debía conocer la noticia, decidió mandar un recado a la cocinera de la casa.
   5. Cuando volvieron los hermanos con otros cuchillos, tenían menos convicción.
   6. Pedro era el que siempre mandaba.
   7. Clotilde Armenta quería impedir que llevaran a cabo su intención de matar a Santiago.
   8. Los cantantes no se dieron cuenta de que los recién casados no estaban en casa.

3. Lee el texto siguiente y elige la palabra más adecuada de las tres posibilidades:

   Gabriel García Márquez no cuenta los sucesos en orden porque su intención es **1** extraer/nublar/rechazar *la verdad mediante entrevistas con los participantes del drama, y no contar un relato* **2** realista/secuencial/policial. *Por lo tanto, la novela tiene una estructura* **3** desordenada/circular/lineal; *comienza y termina con la muerte de Santiago Nasar. El narrador, intenta* **4** confundir/olvidar/reconstruir *los sucesos de la tragedia, hablando con los testigos que aún vivían, para estructurar la historia. El problema que* *encuentra es que a veces hay testimonios* **5** *opuestos/similares/ locos de algunos ciudadanos con referencia al mismo suceso. Además, ciertos* **6** *varones/testigos/transeúntes, como la cocinera, Victoria Guzmán, mintieron al principio, y el narrador solo se enteró de la verdad muchos años después. Tampoco tenía acceso a todo el sumario del juez instructor, porque muchos pliegos habían sido* **7** *destruidos/construidos/plegados por el agua. Quería saber si realmente Santiago Nasar era quien había desflorado a Ángela Vicario. Mucha gente creía que ella estaba* **8** *señalando/ protegiendo/implicando a otro hombre.*

4 Completa el texto con palabras del recuadro.

virginidad	vengarse
compromiso	honrada
enseguida	engañar
suicidarse	enamorada

La familia Vicario era pobre y sencilla. Para ellos, su reputación como gente **1** .... *era sumamente importante. Ángela, la hija con quien Bayardo San Román quería casarse, no estaba* **2** .... *del joven forastero, pero aceptó el* **3** .... *porque sus padres insistieron. Su desolación era tan profunda que quería* **4** .... *, pero al final decidió hacer lo que sus padres deseaban. El problema era que ella había perdido su* **5** .... *, por lo que ideó con sus amigas una manera de hacer que su marido creyera que era virgen. Sin embargo, no quiso* **6** ....*lo. Así surgió el problema de la reputación de la familia. Según el "código del honor," un hombre de la familia tenía que* **7** .... *sin demora del hombre que había desvirgado a su familiar. Los hermanos de Ángela se prepararon* **8**.......... *para matar a quien Ángela había acusado: Santiago Nasar.*

CRÓNICA DE UNA MUERTE ANUNCIADA

La narración

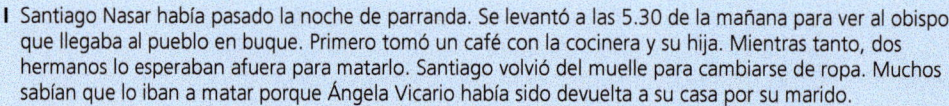

I Santiago Nasar había pasado la noche de parranda. Se levantó a las 5.30 de la mañana para ver al obispo, que llegaba al pueblo en buque. Primero tomó un café con la cocinera y su hija. Mientras tanto, dos hermanos lo esperaban afuera para matarlo. Santiago volvió del muelle para cambiarse de ropa. Muchos sabían que lo iban a matar porque Ángela Vicario había sido devuelta a su casa por su marido.

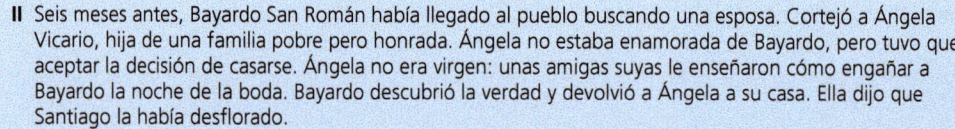

II Seis meses antes, Bayardo San Román había llegado al pueblo buscando una esposa. Cortejó a Ángela Vicario, hija de una familia pobre pero honrada. Ángela no estaba enamorada de Bayardo, pero tuvo que aceptar la decisión de casarse. Ángela no era virgen: unas amigas suyas le enseñaron cómo engañar a Bayardo la noche de la boda. Bayardo descubrió la verdad y devolvió a Ángela a su casa. Ella dijo que Santiago la había desflorado.

III Los gemelos pasaron tres años en la cárcel. Durante su preparación para el asesinato, esperaron que alguien se lo impidiera, porque en realidad no querían hacerlo. Aunque informaron a muchos, nadie los tomó en serio. En el negocio de Clotilde Armenta, el alcalde les quitó los cuchillos, pero volvieron con otros. A las 4.20, Santiago volvió a casa para dormir una hora y luego salió para ver al obispo. Luego se oyó la noticia de que lo habían matado.

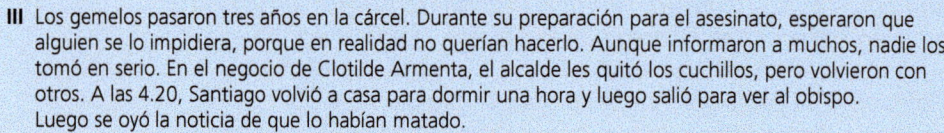

IV Se hizo la autopsia y enterraron el cuerpo. Los gemelos se sintieron mal de salud en el calabozo. Los Vicario se marcharon a otro pueblo. Durante muchos años no se oyó nada de Bayardo. Sin embargo, Ángela quería contar todo lo que pasó, salvo decir quién la había desflorado en verdad. Decía que había rechazado engañar a Bayardo. Ahora, enamorada de él, le escribió casi 2.000 cartas. Un día, volvió Bayardo con la intención de quedarse y con todas las cartas sin abrir.

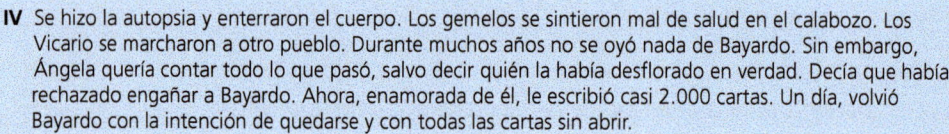

V Durante años, la gente del pueblo intentó esclarecer su papel en el drama. Según ellos, se trataba de un asunto de honor y no podían interferir. El juez instructor dictaminó que Santiago era inocente. La gente se juntó en la plaza para presenciar el asesinato. Cuando Santiago finalmente supo la intención de los gemelos, se apresuró para llegar a su casa, pero su madre había trancado la puerta por equivocación. Como consecuencia, los gemelos pudieron matarlo, sin piedad.

Vocabulario

el/la abogado/a lawyer
el acto ceremony
acuchillar to stab
afilar to sharpen
agarrar to grasp
el albedrío free will
arrepentirse to repent
la artimaña trick, ruse
el/la asesino/a killer
aullar to howl
avisar to warn
boca abajo face down
caer bien (a alguien) to be liked (by someone)
caer de rodillas to fall on one's knees
el calabozo prison
cantar las rifas to sing out the winning numbers in the raffle
comprometerse con to become engaged to
correr peligro to be in danger
la culpabilidad guilt
dar la vuelta to go round
dar por cumplido to consider to be fulfilled
darse prisa to hurry
el desacuerdo disagreement
desagraviarse to get one's own back
desamparado/a defenceless
devolver to give back
emborracharse to get drunk
empujar to push
engañar to deceive
el enredo tangle, mess
ensangrentado/a covered in blood
envenenar to poison
la envergadura importance, magnitude
fingir to pretend
el/la gemelo/a (identical) twin

golpear to strike, to beat
hacer frente a to face up to
la herida wound
herir to wound
impedir to prevent
inconcebible inconceivable
el juez instructor investigating magistrate
el juicio judgement
la madrugada small hours of the morning
el muelle quay, wharf
el mujeriego womaniser
el noviazgo engagement, courtship
ocuparse de to deal with
la ortofónica (Col) gramophone
la parranda party, spree
el perjuicio damage, harm
los pormenores details
ser una porquería to be despicable
prevenir to warn
el propósito intention
la propuesta proposal
pudrir(se) to rot
la rabia fury, rage
el recado message
rechazar to reject
los recién casados newlyweds
rendirse to give oneself up
sonar to ring
el testigo witness
tomar en serio to take seriously
la tranca bar
vacilar to hesitate
vengarse to take revenge

4 Themes

La responsabilidad colectiva

En su autobiografía, al hablar de **lo que lo llevó a** escribir *Crónica de una muerte anunciada*, Gabriel García Márquez nos cuenta: "Lo que me interesaba ya no era el crimen mismo sino el tema literario de la responsabilidad colectiva". Es un **asunto** realmente **chocante** para él como para el lector **el hecho de que** tanta gente supiera que iban a matar a un hombre y que, **ya sea por** valores tradicionales **o por** honor, no hicieran nada por **prevenir**lo. Esta falta de acción colectiva constituye la base de la tragedia, que como espectador impacta al narrador (que no es otro que García Márquez) y al lector décadas después de haber **transcurrido**.

Gabriel García Márquez was shocked by the event of the murder of his friend in 1951 (see p.7) and spent a lot of time thinking about why it happened. In his novel, the narrator is particularly interested in the unwillingness of people to warn Santiago Nasar, or someone near him, about the threat to his life.

Despite being associated with *destino* several times, this murder does not always seem to be down to fate, but rather to the inertia of the townsfolk who are hidebound by traditional assumptions about the honour code. The narrator comments on this frequently, a clear example being the 22 people in the meat market who are told about the brothers' plan.

Collective responsibility is particularly underlined at the beginning of chapter 5, when the narrator runs through the effects of the event on a list of people who represent the silent majority and who, unlike Cristo Bedoya (who could not prevent the tragedy because of bad luck), try to assuage their guilt 'con el pretexto de que los asuntos del honor son estancos sagrados a los cuales solo tienen acceso los dueños del drama'. They saw no need to prevent the killing, which for them is a spectacle to which they are passive onlookers.

The author throws light on a society whose thinking was rooted in a traditional way of life that no longer exists, but which was responsible for the death of a friend. By 1981, when the novel was written, the world had moved on from 1951, when the novel was set, and the customs of the *pueblo* no longer had the same force. In some ways it does not matter that the narrator cannot get to the bottom of what exactly happened. What is at issue is the lack of willingness of people in that society to confront traditional codes; the novel seems to highlight the question of the accountability of the people partly in order to show a society where religion and the law — powerful institutions — do nothing. But the people still remain collectively responsible for the tragedy, however much they try to shift the responsibility onto the idea of honour.

lo que lleva a alguien a hacer algo
what leads someone to do something

el asunto issue

chocante shocking

el hecho de que (+ subjuntivo)
the fact that…

ya sea por… o por…
whether (it is/was) because of…or because of…

prevenir to prevent

transcurrir
to take place

Key quotation

La gente que regresaba del puerto, alertada por los gritos, empezó a tomar posiciones en la plaza para presenciar el crimen.

El destino

fatalista fatalistic
desentrañar to figure out (lit. *to gut*)
hallarse plagado/a de to be riddled/infested with
la corazonada hunch
el aviso warning
advertir to warn
funesto/a ill-fated
de todos modos in any case

> Desde que leemos las primeras palabras de la novela, sabemos que Santiago Nasar se encuentra destinado a ser matado. Esta frase **fatalista** y el sentimiento de inevitabilidad no abandonan al lector, que va **desentrañando** la crónica de lo que sucedió para que muriera este hombre. La historia, sin embargo, **se halla plagada** de premoniciones de los personajes, que por una razón u otra no hacen caso a sus **corazonadas**. También ignoran **avisos**, como la nota que alguien anónimo deja por debajo de la puerta **advirtiendo** a Santiago Nasar que lo iban a matar, y se dan coincidencias para que el hecho **funesto** del asesinato sucediera **de todos modos**. Todo esto constituye la causa por la que el autor investiga y relata los hechos, que lentamente se van esclareciendo, para determinar cómo sucedió lo que se sentencia en un principio.

It is very clear from reading the title of the novel what it will be about: the story of how a 'death foretold' came to be. Thus, one of the most prominent themes is fate: the foretelling of the murder of Santiago Nasar was not sufficient to stop it from happening.

One of the ways in which our attention is aroused and the theme of fate is reinforced is the constant reference to *premonitions*. Clotilde Armenta, owner of the shop on the square, states that Santiago Nasar 'ya parecía un fantasma' when she saw him. Victoria Guzmán only understands the hunger of the dogs years later and exclaims '¡Dios Santo… de modo que todo aquello fue una revelación!'; the narrator's sister 'sintió pasar el ángel'; even the victim himself, when attending the wedding of Bayardo San Román and Ángela Vicario, mentioned to the narrator that he did not want flowers in his funeral, not knowing that the narrator would carry out that wish the following day, a fact that haunted the narrator for years to come. On one occasion, the narrator recalls that his drunken brother, Luis Enrique, had stumbled into the bar and uttered the chilling line 'Santiago Nasar está muerto' before it happened to a shocked Clotilde Armenta and even to the perpetrators, the Vicario brothers. Another foretelling is a song about 'equívocos matrimoniales' sung by Luis Enrique, as if he knew that the marriage of Ángela Vicario was doomed. These and other premonitions and signs of ill omen are 'dropped in' at intervals, warning us that Santiago Nasar's death was 'destined to be'.

Key quotation

Nunca hubo una muerte más anunciada.

A further reinforcement of this theme comes in the form of *statements of fatalism*, of being unable to avoid fate. They are short and to the point, and they stay with the reader. We are told that 'Nunca hubo una muerte más anunciada' as an unavoidable fact. The Vicario twins, who commit the murder, see it as unavoidable not just because of their honour, but claim: 'Esto no tiene remedio… es como si ya nos hubiera sucedido'. The constant use of the pluperfect subjunctive in statements, such as when Margot, the author's sister, says 'De haberlo sabido, me lo hubiera llevado para la casa aunque fuera amarrado', reinforces that no matter what hypothesis we might formulate, facts were meant to happen in only one particular way, and Santiago Nasar's death was unavoidable.

The 'foretold death' is further reinforced by the mention of *multiple coincidences* that allowed it to take place. Just when a warning seems to be heard, a coincidental fact makes people avoid warning the victim himself. We learn that someone had written a note and placed it under the door, but Santiago Nasar steps over it as he leaves the house to see the bishop; the brothers Pedro and Pablo Vicario are looking for Santiago Nasar to kill him, and announce it to whoever asks them, but they all dismiss what the brothers are saying and treat them like 'pendejos' (idiots) — they think that when the brothers went to sharpen the knives they were just too drunk from the night of the wedding party, and most do not really believe their comment 'Vamos a matar a Santiago Nasar'. Perhaps the biggest 'coincidence' is that Santiago Nasar decided to use the main door instead of the one that he normally used, and that it was barred by his mother, Plácida Linero, thinking that Santiago Nasar was in, thus allowing the crime to be perpetrated.

All of these elements are combined in a masterly way by García Márquez to confirm for the reader that the murder could have been avoided, but for a number of reasons it was not. The narrator and the reader are left thinking that no matter how strongly anyone tried to stop the deed from happening, it was somehow inevitable.

El honor

> Un tema central de *Crónica de una muerte anunciada* es el honor, principalmente el honor de la familia de Ángela Vicario, que fue devuelta a su casa la noche de bodas por Bayardo San Román, un hombre **pudiente** y **poderoso**, porque no era pura. Desde ese momento, y aunque los gemelos Vicario no querían hacerlo, se ven obligados por su honor a matar al hombre que Ángela dijo había sido el **culpable**: Santiago Nasar. Aunque la mayoría del pueblo intenta **advertir** a Santiago Nasar de las intenciones de los hermanos, la mayoría **apoya** esta "cuestión de honor" que deben cumplir para limpiar el nombre de su familia.

Honour was seen as an unquestionable value at the time and in the place the story unfolded. When Bayardo San Román, an attractive and wealthy man who no one knew much about, chooses Ángela Vicario to marry him, her mother does not allow her to be alone with him before the wedding, accompanying her 'para custodiarle la honra', i.e. her virginity. We learn, however, that Ángela Vicario was not 'pure' and as such dishonoured her husband, Bayardo San Román. She had learned tricks to fake the loss of her virginity on her wedding night, in order to show 'la mancha del honor' (a telling phrase which reinforces the theme) on the bed sheets that she was to shake out of the window the next morning for

> **TASK**
> **1** Encuentra tres ocasiones en las que podemos ver que la muerte de Santiago Nasar está destinada a suceder. Explica si alguien/algo trata de cambiar el destino y por qué no lo logra.

pudiente
rich (lit. *being able to do*)
poderoso/a
powerful
el culpable
the guilty party
advertir to warn
apoyar to support

everyone to see. However, she does not play this trick on her new husband, and so he discovers she is not an honourable woman and returns her to her parents just a few hours after the wedding.

Following the puzzling fact that Ángela decides not to hide her shame, she says that the *autor* was the *mujeriego* Santiago Nasar, a claim that is never substantiated. Her claim, however, triggers a chain of events that, despite warnings, premonitions and attempts to prevent the murder, cannot be stopped until the young man has been killed. Ángela Vicario's dishonour has to be avenged, and her twin brothers are set on doing it, unwillingly, but spurred on by their honour and principles. Even justice seems to favour honour over possible innocence, as is pointed out at the beginning of chapter 3, when the lawyer 'sustentó la tesis del homicidio en legítima defensa del honor'. The moral and religious principle of not killing your fellow man is blurred, as the twins are unrepentant and swear they would do it a thousand times for the same reason. They even want to be taken away to Riohacha in the light of day, not at night like their family, as they are convinced they did the right thing.

In the last chapter we are told that 'quienes pudieron hacer algo… se consolaron con el pretexto de que los asuntos de honor son estancos sagrados a los cuales sólo tienen acceso los dueños del drama'. To understand as readers how the whole town justifies such a heinous act, we have to immerse ourselves in a different place with a definite set of values, one in which honour meant everything.

Build critical skills

1 ¿Cómo trata de acentuar el autor que el honor es un tema central en esta novela? Busca ejemplos de acciones y palabras que lo demuestren.

Key quotation

… se consolaron con el pretexto de que los asuntos de honor son estancos sagrados a los cuales sólo tienen acceso los dueños del drama.

GRADE BOOSTER

When answering an exam question on a theme of a novel, it is important to spend a short time before you put pen to paper in order to reflect on how this theme relates to the key idea(s) that the novel presents. You should be able to see clearly how and where this theme manifests itself in the novel. Aspects of the novel that relate to the theme should then be carefully selected from the various chapters to show their relevance to it. If you cannot 'see the wood for the trees' in this way, the quality of your essay will suffer.

4 Themes

Las costumbres y tradiciones

▲ *Bailarines*, del famoso artista colombiano Fernando Botero

La novela *Crónica de una muerte anunciada* **se desarrolla** en un sitio que no se especifica, pero son evidentes las costumbres latinoamericanas, especialmente las de pueblos de Colombia, país nativo de Gabriel García Márquez. **Más allá de** establecer una **escenografía**, costumbres tales como las **fiestas de boda** que duran mucho tiempo, las visitas entre familias, tomar café, o ir al bar para socializar, marcan las acciones de los personajes. Estos hacen **lo acostumbrado** en el pueblo y en sus casas mientras se van descubriendo los hechos, y un cambio en **dichas** acciones, como aceptar la invitación a tomar el desayuno, puede cambiar el curso de eventos, con consecuencias muy graves para la víctima, Santiago Nasar.

desarrollarse
to take place

más allá de
beyond (lit. *further from*)

la escenografía
setting

la fiesta de boda
wedding party

lo acostumbrado
the usual thing

dicho/a
said (adjective)

Even though there is clear mention of the towns of Riohacha and Manaure on the Caribbean coast of Colombia in the novel, García Márquez never mentions the town where the action of *Crónica de una muerte anunciada* takes place. The customs and idiosyncrasies of a Latin-American — and specifically a Colombian Caribbean — town do, however, play a part in the development of the plot.

One of the first customs that we come across is that of drinking coffee, essential to any Colombian. We see Santiago Nasar drink 'un tazón de café cerrero [local bitter coffee drunk black and without sugar] con un chorro de alcohol de caña' as he watches Victoria Guzmán and her daughter Divina Flor gut rabbits to prepare the meal. A visit of the Vicario brothers to have coffee at Prudencia Cotes's house is narrated as routine, and even though their intention of killing a man is very clear to the hostess, this does not interfere with their usual habits. The time and place(s) when such actions take place are relevant to the novel, as they establish routine and thus reinforce the idea of a collision course with unavoidable death.

From early on we know that there has been a 'parranda' (wild celebration) to celebrate the wedding of Bayardo San Román and Ángela Vicario. Following the pattern of the novel, we learn about this in instalments, but we soon build up a picture of a whole town that celebrated a lavish wedding, in true Colombian style, with carousing that continued into the night. We are told that at 6 a.m. public lights were still on, and that balconies were still decorated, that there was a stage for a music band and that the plaza looked like a 'muladar de botellas vacías y toda clase de desperdicios de la parranda pública' (a rubbish tip of empty bottles with all sorts of waste from the public binge). The interesting fact is that apart from providing us with a setting, this celebration is key to the chronicle, as it causes confusion among some characters, who thought that the Vicario brothers were simply drunk due to the celebration. There is also a clash between the happiness of the occasion and the deadly omens.

In the second chapter, the author recounts how 'la parranda pública se dispersó en fragmentos hacia la media noche, y solo quedó abierto el negocio de Clotilde Armenta'. A local shop with a bar was — and is to this day — often at the heart of small Colombian towns, and this place is central to the novel, as locals would meet there and talk about what they were doing that day. The irony is that despite many people, like the shopkeeper Clotilde Armenta, finding out that the Vicario brothers had knives (traditional carving knives to kill pigs) and wanted to kill Santiago Nasar, they did not stop the twin brothers when they visited the shop.

One of the most important customs observed in the novel is that of courtship and of the wedding night. Local tradition stated that a man, especially a well-to-do one, would provide the house for his wife, and Bayardo San Román shows his arrogance and power in buying 'la casa del viudo de Xius', a large (and haunted) mansion for his future wife.

Local tradition also dictated that after the wedding night, the bride would display a blood stain on the white sheets for all to see, thus proving to the entire town that she had lost her virginity to her new husband. Despite Ángela Vicario learning a trick to fake this (as she was no longer a virgin), she chooses not to do so, thus triggering the tragic course of events. After that fatal night she writes letters declaring her unconditional love for her husband for 17 years, before he eventually turns up on her doorstep and Ángela 'volvió a ser virgen solo para él, y no reconoció otra autoridad que la suya ni más servidumbre que la de su obsesión'. Loving relationships are seen through traditional courtship rituals.

These customs and traditions, combined with the personal habits of the characters, not only paint a picture of a Caribbean coastal town in Colombia, but are central to the novel as they fuel the actions and reactions of the characters.

TASK
2 Encuentra tres costumbres o tradiciones descritas en la novela y explica si tienen algún impacto en la acción o percepción de los personajes.

Key quotation
... la fiesta adquirió una fuerza propia tan difícil de amaestrar, que al mismo Bayardo San Román se le salió de las manos y terminó por ser un acontecimiento público.

4 Themes

La autoridad religiosa, la judicial y la civil

Durante el día en el que tiene lugar la muerte anunciada de la novela, se espera la visita de un buque que traía al **obispo** al pueblo. Sin embargo, el obispo **bendice** desde lejos a los **presentes**, no baja del barco, y llegamos a la conclusión de que la religión o los religiosos nada pueden o nada quieren hacer contra el destino **atroz** de Santiago Nasar; el cura incluso practica una sangrienta e ineficaz autopsia del cuerpo del muchacho. La autoridad judicial no es más **eficaz** que la religiosa, ya que "**sustentó** la tesis del homicidio en legítima defensa del honor, que fue admitida por el tribunal de conciencia". El coronel Aponte, autoridad civil, también demuestra su **impericia** al quitar los cuchillos a los gemelos Vicario y **dar el asunto por terminado**, sin preocuparse de que ellos consiguieran otros para cometer el crimen.

el obispo bishop
bendecir to bless
los presentes attendees
atroz atrocious, terrible
eficaz effective
sustentar to support
la impericia ineptitude, incompetence
dar un asunto por terminado to consider something a closed case

From the first paragraph of the novel, we are aware that on the day Santiago Nasar is to die, the town is expecting the visit of the bishop early in the morning. At first this seems to suggest that a visit of a religious figure could elicit some pity or salvation, but we come to realise that the visit is a mere formality, and religion or faith is no match to what fate has in store.

The bishop is coming on a 'buque' sailing down the river from the sea. There is much hubbub in the town and a band is playing as a crowd is gathering to receive the clergyman with cockerels as presents; Santiago Nasar himself 'se había vestido de pontifical por si tenía ocasión de besarle el anillo al obispo'. Religious compliance was the norm in this society. The bishop, however, shows a complete lack of interest in the people and does not even set foot on the quay, limiting himself to making 'la señal de la cruz en el aire frente a la muchedumbre del muelle… sin malicia ni inspiración'. To add to the disappointment, the ship lets out a spurt of steam that drenches those close to it. There is, therefore, a sense that religion is more about form than content.

As the story progresses, we learn that Father Amador, the local priest, was warned about the murderous intentions of the Vicario twins, but he confesses years later that 'no era un asunto mío sino de la autoridad civil', and that even though he intended to warn Santiago Nasar's mother, 'cuando atravesó la plaza lo había olvidado por completo' as his mind was on the bishop's arrival. This adds to the author's and reader's frustration at the fact that the Church does nothing to help a man who is destined to die. And in yet another incident, Cristo Bedoya rushes to see Próspera Arango's father, who is on his deathbed, 'inmune a la bendición fugaz del obispo'.

To add insult to injury, as Doctor Iguarán is not present, the priest has to conduct the autopsy with the help of Cristo Bedoya, a medical student. This turns into a gory mess and the body cannot be recomposed.

One of the suggestions to the Vicario twins was at least not to murder Santiago Nasar *during* the bishop's stay in town. The civil authorities seem to be almost as powerless to stop the crime from happening and even the hidden archives found by the author testify to a judge who was as puzzled as the rest. We learn at the beginning of chapter 3 that the lawyer supported the thesis that the homicide was justified as the Vicario twins declared themselves, and are declared, innocent. Despite them being sent to prison for their heinous act, they are there for just 3 years, and, for as long as that, only because they could not afford to pay to get out earlier on parole. The Vicario family, unrepentant, moves away to Manaure, in the Caribbean department of Guajira, and the law does not question or contradict the moral 'duty' of avenging the honour of the Vicario family.

The uselessness of the police is also underlined. Only after being repeatedly warned and nagged by his wife does Colonel Aponte go to Clotilde Armenta's shop to see if the intentions of the Vicario twins are real. When speaking to the men, he does so 'con la misma complacencia de sí mismo con que había sorteado la alarma de la esposa'. He then proceeds to take the knives from them and when he is queried by the worried shopkeeper about why he did not arrest them, he merely states: 'Ya no tienen con qué matar a nadie'.

These instances can all be viewed as criticism of the institutions of the Catholic Church, the law and the police, as they make clear that there is little connection between moral or civil duty and those who are supposed to implement it.

Key quotation

[el alcalde] Ni siquiera los interrogó sobre sus intenciones, sino que les quitó los cuchillos y los mandó a dormir.

> **TASK**
> **3** Busca una cita que muestre el rol de la iglesia, otra el rol de la justicia y otra el de la policía en la novela. Explica si demuestran (des)interés o (in)eficiencia en cada caso.

Actividades

1 Contesta las siguientes preguntas referidas a los temas de *Crónica de una muerte anunciada* utilizando tus propias palabras.
   1 ¿Cuál es la razón por la cual Santiago Nasar estaba vestido de blanco un día lunes?
   2 ¿Qué piensan los gemelos Vicario de haber matado a Santiago Nasar cuando son interpelados por los demás?
   3 ¿Qué demuestra que el juez asignado al caso no era idóneo para esclarecer el crimen?
   4 ¿Cuándo decide actuar el coronel Aponte, el alcalde del pueblo? ¿Lo hace bien?
   5 ¿Qué hace Bayardo San Román cuando descubre que Ángela Vicario no es virgen? ¿Qué desencadena esto?
   6 Menciona una premonición de alguno de los personajes de que algo terrible va a suceder.
   7 ¿Por qué el padre Amador no le advirtió a Plácida Linero, la madre de Santiago Nasar, que iban a matar a su hijo?
   8 Menciona una tradición latinoamericana/colombiana que puede observarse durante la boda de Bayardo San Román y Ángela Vicario.
   9 ¿Qué opinan Prudencia Cotes, novia de Pablo Vicario, y su madre acerca de las intenciones de los gemelos?
   10 ¿Qué indica el hecho de que asesinaran a Santiago Nasar aunque casi todo el pueblo, incluso las autoridades, lo sabían de antemano?

2 Completa las siguientes oraciones con una de las palabras/frases dadas.
   1 La madre de Santiago Nasa *acierta/desacierta/ignora* en su predicción que el obispo no va a bajar al puerto durante su visita.
   2 Ángela Vicario conoce un truco para *pretender/fingir/decir* que es virgen la noche de bodas.
   3 Las armas que usan los hermanos Vicario para su crimen son tradicionalmente usadas para matar *cerdos/gallinas/vacas*.
   4 Si la puerta del frente no hubiera *sido grande/tenido una nota/estado cerrada*, Santiago Nasar habría escapado su final trágico.
   5 Bayardo San Román era un hombre rico que convenció al viudo de Xius de *vender/alquilar/demoler* su casa.
   6 Cuando Pedro Vicario flaquea en su deber de vengar a su hermana, Pablo Vicario *desiste con él/toma el mando/experimenta confusión*.
   7 Clotilde Armenta recibe a los gemelos Vicario en su tienda porque el lugar también es una *cantina/casa/guarida*.
   8 Gabriel García Márquez da un gran énfasis a la cuestión de la responsabilidad *familiar/colectiva/personal* del pueblo.

CRÓNICA DE UNA MUERTE ANUNCIADA

9 Cuando los personajes deciden compartir momentos con los otros, lo hacen normalmente invitándolos a *beber ron/tomar café/cenar*.

10 Aunque la *respeta/espera/repudia* primero, finalmente Bayardo San Román se acerca a Ángela Vicario.

3 Une los temas 1–10 con los nombres de los personajes que los representan. Puedes usar cada uno una sola vez.

la familia Vicario	Pedro Vicario
Bayardo San Román	Clotilde Armenta
el obispo	Santiago Nasar
Ángela Vicario	el padre Amador
el juez	el narrador

1 Visita el pueblo, pero no el importa el bienestar de la gente.
2 Siente que la mujer con quien se ha casado no es digna de él.
3 Demuestra que es inoperante para designar un culpable.
4 Recibe a los hermanos Vicario en su tienda e intenta que los arresten.
5 Tiene los instrumentos para defender su honor, pero no lo hace.
6 Realiza una autopsia aunque no esté capacitado para ello.
7 Siente tanta confusión como toda la gente del pueblo ante la muerte de Santiago Nasar.
8 Toma café tradicional mientras observa a una criada.
9 Flaquea en su propósito de vengar el honor de su hermana.
10 Tiene que mudarse a otra ciudad después del asesinato.

4 Examina la importancia del honor para los personajes de la obra. En tu respuesta puedes considerar a:
- Bayardo San Román
- los gemelos Vicario
- Ángela Vicario
- el pueblo

4 Themes

Temas

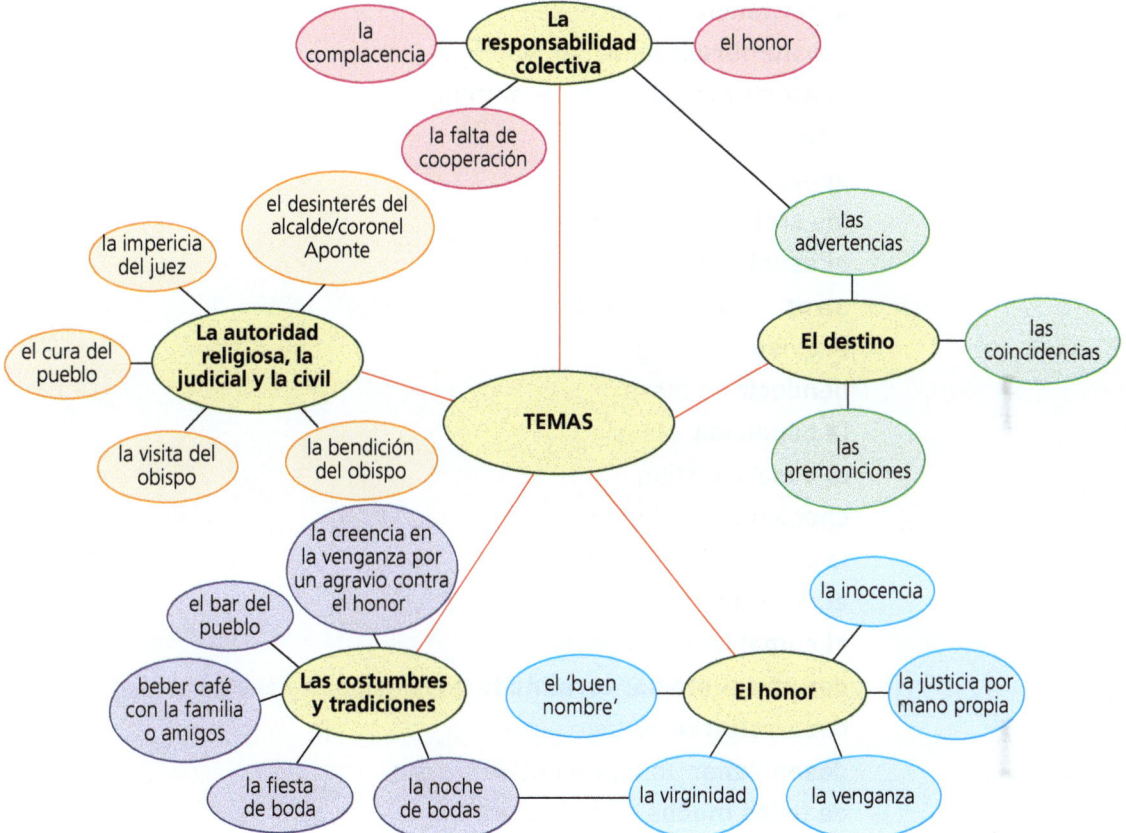

Vocabulario

a conciencia on purpose
acostumbrado/a usual, habitual
lo acostumbrado the usual thing
advertir to warn
apoyar to support
los archivos archives
el asunto issue
atroz atrocious, terrible
el aviso warning
bendecir to bless
la bendición blessing
la boda wedding
chocante shocking
la corazonada hunch
el cuchillo knife
el culpable guilty party
dar un asunto por terminado to consider a case as closed
desarrollarse to take place
desentrañar to figure out (lit. *to gut*)
de todos modos in any case
dicho/a said (adjective)
eficaz effective
entrevistar to interview
la escenografía setting
fatalista fatalistic
la fiesta de boda wedding party
fingir to pretend
fugaz fleeting
funesto/a ill-fated
hacer la señal de la cruz to make the sign of the cross
hallarse plagado/a de to be riddled/infested with
el hecho de que (+ subjuntivo) the fact that...
la impericia incompetence, ineptitude
el/la juez(a) judge
la ley law

lo que lleva a alguien a hacer algo what leads/someone to do something

la mancha stain

marcar to mark

más allá de beyond (lit. *further from*)

el negocio business, shop (in Spanish America)

el obispo bishop

la parranda binge, wild party

poderoso/a powerful

la premonición foretelling, premonition

los presentes attendees

prevenir to prevent, to warn

pudiente rich (lit. *being able to do*)

suceder to happen

sustentar to support

transcurrir to take place

la venganza vengeance

ya sea por... o por... whether (it is/was) because of...or because of...

5 Characters

The information we have is all refracted through the journalist who narrates the 'case' that he is reconstructing from past experiences, and who is himself a character in the drama. He draws on statements from many characters who witnessed the incident. The list of 50 or so characters can be divided into four categories:
- the narrator
- the five *protagonists* of the drama (described in detail below)
- various *minor characters* who contributed actively to the drama, but are lacking in depth
- a large number of *other characters* who were affected by the drama in some way, often as passive witnesses who represent the view of the *pueblo* collectively. They are only sketchily presented and/or have a very minor role.

El narrador

ficticio/a fictional
el papel role
el/la cronista chronicler, reporter
la fuente source

El narrador es Gabriel García Márquez, el autor del libro, en persona, pero García Márquez inventa este personaje, dándole una vida **ficticia** y un **papel** que no tenía el autor cuando ocurrió el asesinato real de su amigo Cayetano Gentile en 1951. Como **cronista**, su técnica lo lleva a reconstruir la historia del asesinato, utilizando varias **fuentes** (ver capítulo 6).

The narrator presents himself as the objective chronicler of the story he is reconstructing 27 years after the event. His approach is varied: he interviews those witnesses who are still alive; he describes his own role, at times throwing doubt on the accuracy of his memory; he scrutinises the examining magistrate's report; he makes deductions about the behaviour of certain characters. He manages to establish what happened more precisely, but admits that it is impossible to find out the truth about some aspects (for example, whether the weather was good or bad on the morning of the killing). Most importantly, he fails to clarify the key question of who had been responsible for Ángela Vicario losing her virginity. His personal view tends to favour Santiago's innocence. He suggests that she might have been protecting another man, and this is in line with the examining magistrate's view that Santiago was innocent.

Key quotation

Yo conservaba un recuerdo muy confuso de la fiesta antes de que hubiera decidido rescatarla a pedazos de la memoria ajena.

5 Characters

Los protagonistas
Ángela Vicario

▲ Ángela Vicario (fotograma de la película de 1987)

El narrador describe a Ángela Vicario, la hija menor de la familia Vicario, como a una chica bella pero muy **recatada**, que ha sido educada para casarse. Su comportamiento ha sido imprudente: ha perdido su virginidad, lo que esconde de su familia y de su futuro esposo. Acepta pasivamente el matrimonio con Bayardo San Roman, pero en un principio no está enamorada de él. Por otra parte, se muestra decisiva cuando abandona el propósito de **engañar** a Bayardo con que aún es virgen. Es probable que **mienta** cuando confiesa que el autor de su **desgracia** fue Santiago Nasar. Más de 20 años después, Ángela **ha madurado**: es una mujer libre que puede elegir su destino por sí misma; muestra mucha **tenacidad** en su conquista de Bayardo y está lista para renovar la relación con él.

recatado/a demure
engañar to deceive
mentir to lie
la desgracia misfortune
madurar to mature
la tenacidad tenacity

Key quotation

[de Ángela] "Se volvió lúcida, imperiosa, maestra de su albedrío, y volvió a ser virgen sólo para él, y no reconoció otra autoridad que la suya, ni más servidumbre que la de su obsesión".

There are two Ángelas: the retiring young woman who married Bayardo and the mature woman who is interviewed by her cousin, the narrator, 23 years after the wedding. Before her wedding she is depicted as the victim of an arranged marriage. She is wholly lacking in independence, and totally under the thumb of her mother. Santiago's disparaging remark to the narrator that she is "tu prima la boba" underestimates her intelligence. Her decision not to go through with her plan to deceive Bayardo because she finds it despicable, suggests that she is prepared to confront the consequences of losing her virginity, and marks a turning point in her life. When she is being beaten by her mother she only thinks about Bayardo and weeps for him.

In the years that elapse between the wedding and the interview with the narrator, we realise that Ángela has learned valuable lessons that have transformed her life: she has the will and intelligence to resist her mother's desire to lock her up like a nun in a convent; she talks openly about the wedding night; now she is "maestra de su albedrío", able to choose her own destiny freely and ready to renew her relationship with Bayardo. However, there remains the question of whether or not she lied about losing her virginity. She must have known the likely outcome of her accusation, but she refused to change her story and so she condemned to death a man who might have been innocent.

TASK

1 Elige dos de los adjetivos siguientes para describir a Ángela Vicario 23 años después del asesinato, y encuentra citas para justificar tu elección.
- tímida
- madura
- descarada
- libre
- inocente
- tenaz
- boba

CRÓNICA DE UNA MUERTE ANUNCIADA

> **Build critical skills**
>
> **1** Explica cómo el narrador contrasta el personaje de Ángela Vicario como joven y como mujer madura. En tu opinión, ¿por qué muestra García Márquez el cambio en su comportamiento?

Santiago Nasar

◀ Santiago Nasar (fotograma de la película de 1987)

el matrimonio marriage

la hacienda estate, farm

poner en práctica to put into practice

la riqueza wealth

el buen partido good suitor

Santiago es el hijo de un **matrimonio** entre un inmigrante árabe, Ibrahim Nasar, y una mujer de pueblo colombiana, Plácida Linero. Cuando su padre murió, Santiago heredó la **hacienda** y allí **puso en práctica** todo lo que había aprendido de él. Le gusta ostentar su **riqueza** a los habitantes del pueblo. Es un mujeriego: se cree capaz de seducir a las criadas de la casa, y también a mujeres de fuera del pueblo. Sin embargo, según Margot, este hombre "bello, formal y con una fortuna propia a los veintiún años" parecía un **buen partido** para su novia, Flora Miguel.

The narrator describes the murdered Santiago Nasar as an attractive, wealthy young man, with a cheerful and friendly disposition. As a young man about town, he is regarded by all as a good catch for his fiancée, Floral Miguel. His fascination with the pomp of the Catholic Church makes him eager to see the bishop. In his adolescence, he is obsessed with the women of the brothel. Like his father, he is a philanderer, and in this respect there is some ambiguity in the account of the narrator, who asserts that in principle his relationships were with women outside the town. We learn, however, that Santiago was bent on seducing the cook's daughter in his own household, which suggests otherwise.

> **Build critical skills**
>
> **2** Examina la descripción del carácter y del comportamiento de Santiago Nasar. En tu opinión, ¿es inocente o culpable de desvirgar a Ángela Vicario?

5 Characters

Bayardo San Román

▲ Bayardo San Román (fotograma de la película de 1987)

Este **forastero** rico y misterioso vino al pueblo en busca de una mujer. Se viste bien, es **afable** y **honrado**, y le gustan las fiestas y beber mucho. **Hechizó** a todo el mundo con sus actividades sociales y deportivas, y parece capaz de hacer lo que quiera. Decidió casarse con Ángela sin conquistarla, pero sí encantó a su familia. Sufrió mucho después de **devolver** a su esposa a su casa. Más de 20 años después, no quería hablar con el narrador del **asunto**. Sin embargo, finalmente decidió volver a Ángela para quedarse con ella.

el/la forastero/a
outsider

afable
good-natured, sociable

honrado/a
honest, honourable

hechizar
to entrance, to bewitch

devolver
to give back

el asunto
matter, question

Bayardo San Román arrives out of the blue in the town and makes a good impression on the townsfolk, with his wealth, good looks, stylish clothes, charm and athletic prowess. He is from a prestigious family, son of a famous general. The narrator suggests that he had more depth to him than was apparent from his social life. His excessive generosity leads him to spend far more on a house than it is worth in order to give Ángela what he thinks she wants. He feels he has no choice but to return his wife to her family because of the dishonour caused by her loss of virginity. Devastated by this experience, he becomes ill and is eventually carried off by his family, blind drunk. Many years later, Bayardo shows he has the capacity to forgive; he goes back to Ángela, seemingly won over by the constancy of her love for him.

Key quotation

Bayardo San Román no era hombre de conocer a primera vista.

TASK

2 Encuentra y explica tres citas que muestren diferentes aspectos de la personalidad de Bayardo San Román.

Build critical skills

3 Analiza el carácter de Bayardo San Román, poniendo de relieve su comportamiento después de la boda. Intenta explicar por qué decide volver a Ángela Vicario después de tantos años.

Pedro y Pablo Vicario

Los gemelos Vicario son los instrumentos de un **código** de honor cruel de su tiempo que los obliga a la nada grata tarea de vengar a su familia. Su deber es **desagraviar** la ofensa a su familia matando a Santiago Nasar, pero es evidente que no desean **llevar a cabo** este propósito sangriento. Informan a todo el que encuentran que van a matar a Santiago Nasar, seguramente esperando que alguien lo **impida**. Los dos tienen caracteres agresivos, pero Pablo tiene un carácter más **resuelto** y tiene que forzar a su hermano a seguir con el propósito después de que el alcalde les quita los cuchillos.

el código code

desagraviar
to rectify (a wrong)

llevar a cabo
to carry out

impedir
to prevent, to stop

resuelto/a
determined

CRÓNICA DE UNA MUERTE ANUNCIADA

> **Key quotation**
>
> *[Pablo] puso el cuchillo en la mano [de Pedro] y se lo llevó casi por la fuerza a buscar la honra perdida de su hermana.*

The Vicario twins appear initially to be of one mind. They are honourable men who have no choice but to respond to their duty to restore the reputation of their family. They are skilled at killing pigs, and the knives they use for this purpose are to hand. They have, however, no real desire to kill Santiago and so they let everybody know what they are intending to do in the hope that someone will stop them from going through with it. When the mayor, Colonel Lázaro Aponte, takes away their knives they disagree about whether to carry through their plan, revealing their differing characters. Pedro, who had been the more decisive at first, now thinks that the mayor has relieved them of their responsibility to take revenge. The more resolute Pablo takes command at this point, persuading Pedro that they must go ahead with the killing. The honour code does not allow for compassion for the victim, and they believe themselves to be innocent of the crime. In Riohacha prison they are model prisoners.

> **TASK**
>
> **3** Examina la relación entre Pedro y Pablo Vicario y sugiere por qué mantienen su intención de matar a Santiago Nasar después de que el alcalde les quita los cuchillos.

> **GRADE BOOSTER**
>
> ```
> Exam questions often ask about the presentation and/
> or role of a character in the plot of a novel. When
> answering this type of question, think about the
> following: key words or phrases (when used in context)
> and incidents that reveal character; the effect that
> the character has on key events of the plot; the way in
> which the character develops in the course of the novel.
> Make sure you keep the focus on the character and avoid
> being sidetracked into detailed description of the plot.
> ```

Personajes secundarios

El padre Amador

> El cura es presentado como un personaje insustancial a quien le importa más la **llegada** del obispo que evitar la muerte de uno de sus **parroquianos**. Ha estudiado medicina, por lo que hace la autopsia del cuerpo, y la hace muy mal.

la llegada arrival
el/la parroquiano/a parishioner

Father Amador's actions show him to be more interested in the form of religion than its substance. He is so taken up with the bishop's visit that he forgets to inform Plácida Linero about the threat to her son's life. He supports the legal judgement that the brothers were not guilty of a heinous crime, even stating that God is on their side.

> **Key quotation**
>
> *… cuando atravesó la plaza lo había olvidado por completo. "Usted tiene que entenderlo —me dijo—: aquel día desgraciado llegaba el obispo".*

Clotilde Armenta

> La **dueña** del comercio en la plaza donde los gemelos esperaban a Santiago Nasar para matarlo es uno de los personajes que más empatía muestran por la víctima de la historia. Entiende que los hermanos no quieren matarlo y que miran a Santiago con **lástima**.

el/la dueño/a
owner, proprietor

la lástima pity

Clotilde Armenta's shop in the town square is at the centre of the action. While the brothers await their victim she does all she can to dissuade them from carrying out their plan, plying them with drink and asking them to put off the deed out of respect for the bishop.

Cristo Bedoya

> Este estudiante de medicina acompaña a Santiago casi hasta el momento en que muere. Es una de las pocas personas que intentan salvar a Santiago de la muerte.

Cristo Bedoya is a true friend to Santiago. He learns about the impending killing after almost everyone else and immediately seeks out Santiago to warn him. His mistake is to visit a sick man for 4 minutes at a crucial point; because of this delay, it is too late for him to save Santiago.

Flora Miguel

> Conocemos a la novia de Santiago poco tiempo antes del asesinato. Su mundo **se derrumba** cuando sabe que Ángela Vicario ha acusado a su novio de seducirla, y por eso le devuelve sus cartas.

derrumbarse
to fall apart

According to the narrator, Santiago's fiancée 'carecía de gracia y de juicio'. When she hears about Ángela's accusation, she feels humiliated and fears that Santiago may be forced to marry Ángela instead of her. Furious, she hands Santiago back all his letters and storms off, leaving him bewildered.

El juez instructor

> El juez instructor fue nombrado para investigar el caso y escribió un sumario del caso.

The examining magistrate could not understand why Santiago had been killed, given the lack of evidence against him. He wrote marginal notes in his summary which show his bewilderment and suggest that Ángela Vicario was lying.

El coronel Lázaro Aponte

> El alcalde, una persona **frívola**, es el responsable del orden público en el pueblo. No **toma** muy **en serio** el posible **asesinato** de Santiago. Su primera reacción es pensar "¿qué va a pensar el obispo?"

frívolo/a
superficial, frivolous

tomar en serio
to take seriously

el asesinato
killing, murder

Colonel Lázaro Aponte takes his time to decide to go to the plaza to disarm the brothers. He is a shallow figure with a shady past who 'había visto y causado tantas masacres de represión'. He is so uninterested in taking action that he goes to confirm his presence at a domino game that evening, postponing the necessary action to prevent the killing. The narrator points out that he lacks experience in dealing out justice, despite having been the mayor for 11 years.

Key quotation

[del coronel Lázaro Aponte] Los trataba [a los hermanos] con la misma complacencia de sí mismo con que había sorteado la alarma de la esposa.

Plácida Linero

trancar to bar

> La madre de Santiago es una figura triste, que creyó fatalmente en el comentario incorrecto de Divina Flor: que Santiago ya estaba en casa, con lo cual **trancó** la puerta principal, impidiendo así que Santiago entrara en su casa y se salvara.

Plácida Linero is known to be an interpreter of dreams but she misconstrues the fateful one that Santiago had the night before his death. She has the ill fortune to learn of the threat to her son from Victoria Guzmán shortly before he is killed. She reacts with strength of character to the news, and thinks only about how to save her son's life but, tragically, she facilitates it by barring the door as he tries to get in.

Pura (Purísima) Vicario

criar to bring up
dar una paliza to give a sound beating

> Pura Vicario **ha criado** a Ángela Vicario estrictamente para casarse, y cuando se entera de que su hija ha perdido su virginidad, le **da una paliza**. Después del día fatal, quiso ejercer la misma influencia sobre su hija que antes, pero no lo consiguió.

Ángela Vicario's mother was responsible for the upbringing of her daughters, which she carried out rigorously. She ensured that Ángela was never left alone with Bayardo until the wedding. Her reaction to her daughter being handed back is to beat her: she thinks her daughter should pay for her dishonour by hiding away and living like a nun. Her daughter thinks otherwise.

Victoria Guzmán y Divina Flor

resentido/a resentful

> La cocinera, una mujer negra, parece ser un personaje **resentido**. No le gusta que Santiago quiera seducir a su hija, Divina Flor. Así es que, cuando recibe el mensaje de Clotilde Armenta que le informa de que van a matarlo, puede salvarle la vida, pero no le dice nada.

Victoria Guzmán appears to hate Santiago, calling him 'un mierda', like his father, Ibrahim Nasar. She wants Santiago to die because of his behaviour towards her daughter, Divina Flor, which is identical to that of Santiago's father towards her. She callously waits to inform Plácida Linero about the danger to her son until shortly before the assassination, pretending she had not known in time to tell Santiago herself. Divina Flor is also implicated in the tragedy, misinforming Plácida Linero about Santiago's whereabouts just before his death.

Key quotation

[de Victoria Guzmán] … esta no le había dicho nada a Santiago Nasar porque en el fondo de su alma quería que lo mataran.

Otros personajes

- *La familia del narrador: Margot*, su hermana, que no podía creer que Santiago **se había enredado** en ese escándalo; su madre, *Luisa Santiaga*, que visita a Pura Vicario, para expresar su pena; *Jaime*, el hermano menor; *Luis Enrique*, que fue a ver a los gemelos en la plaza antes del asesinato, pero que estaba tan borracho que no se acordaba de nada; *la hermana monja*, que anunció la muerte de Santiago a la familia.
- *La familia de Bayardo San Román*: su padre, el famoso general *Petronio San Román*, que regala un automóvil convertible a su hijo, *su madre y sus hermanas*, que rescatan a Bayardo del pueblo.
- *María Alejandrina Cervantes*, la mujer que se encargaba del prostíbulo local. Según Santiago Nasar, fue ella "quien arrasó con la virginidad de mi generación".
- *Faustino Santos*, **carnicero** en el **mercado de carnes**, es quien alertó al agente de policía, *Leandro Pornoy*, de la intención de los gemelos.
- *Prudencia Cotes*, la novia de Pablo Vicario, es quien dijo que no se casaría con él si no **cumplía**, como hombre, su intención de matar a Santiago.
- Se observa también *la comunidad árabe*, *Nahir Miguel*, padre de la novia de Santiago, quien le informó a Santiago que los gemelos iban a matarlo, y *Yamil Shaium*, que persiguió a los hermanos con su escopeta de caza después de la muerte de Santiago.
- *El obispo* no participó en el drama, pero su llegada en un buque desvió a ciertas personas, incluyendo al cura y al alcalde, de tomar en serio la amenaza a la vida de Santiago.

enredarse en to get mixed up in

el/la carnicero/a butcher

el mercado de carnes meat market

cumplir to fulfil

Actividades

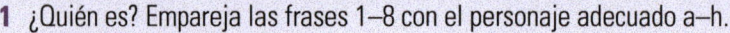

1. ¿Quién es? Empareja las frases 1–8 con el personaje adecuado a–h.
   1. Fue más decidido que su hermano.
   2. No se dio cuenta de que su hijo estaba fuera de la casa.
   3. Intenta convencer a los gemelos de que cambien su propósito.
   4. Piensa que su acción ha impedido que los gemelos lleven a cabo su propósito.
   5. Gasta mucho dinero para conseguir sus fines.
   6. No parece importarle que Santiago muera con motivo de su confesión.
   7. En sus aventuras amorosas, sigue los pasos de su padre.
   8. Fue herido mientras cumplía el servicio militar.

   a. Ángela Vicario
   b. Bayardo San Román
   c. Pablo Vicario
   d. Pedro Vicario
   e. Santiago Nasar
   f. El coronel Lázaro Aponte
   g. Clotilde Armenta
   h. Plácida Linero

2. Solo cuatro de las afirmaciones siguientes son verdaderas. ¿Cuáles son?
   1. Pablo Vicario fue quien insistió con que continuaran con su propósito de matar a Santiago.
   2. El padre Amador no recibió el mensaje de Clotilde Armenta hasta que fue demasiado tarde.
   3. La familia Vicario no se quedó en el pueblo después del asesinato.
   4. Flora Miguel le informó a Santiago Nasar que iban a matarlo.
   5. El narrador vio el asesinato con sus propios ojos.
   6. Plácida Linero interpretó mal el sueño premonitorio de su hijo.
   7. La noche de la boda, Ángela Vicario decidió que engañar a su esposo era despreciable.
   8. Desde un principio, Bayardo San Román encantó a toda la familia Vicario.

3. Hay un error en cada oración de este breve resumen de la relación entre Bayardo y Ángela. Corrige los errores.

   Después de la boda, Bayardo desapareció. El general fue al pueblo a buscarlo. Desapareció por muchos años, y cuando el narrador fue a entrevistarlo se mostró muy acogedor. Por el contrario, Ángela Vicario contestó a las preguntas del narrador de mala gana. Le dijo que no sabía por qué no había querido engañar a Bayardo en la noche de su boda. Añadió que después de haber sido devuelta a su casa, ella había cesado inmediatamente de pensar en Bayardo. Ahora mayor, se sentía encarcelada en el pueblo. Cuando Bayardo vino a buscarla, vio que tenía la intención de marcharse.

5 Characters

Personajes

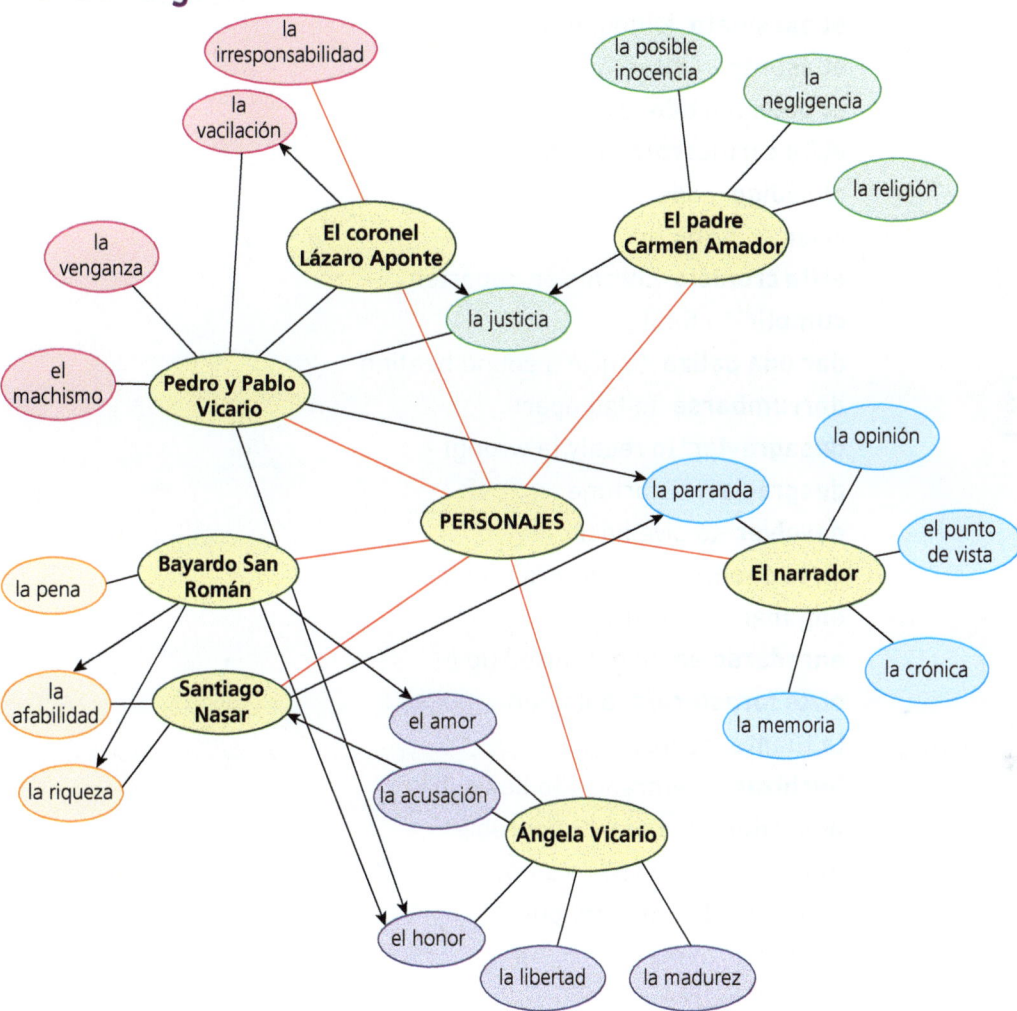

Vocabulario

el asesinato killing, murder
el asunto matter, question
el buen partido a good suitor
el/la carnicero/a butcher
el código code
criar to bring up
el/la cronista chronicler, reporter
cumplir to fulfil
dar una paliza to give a sound beating
derrumbarse to fall apart
desagraviar to rectify (a wrong)
desgracia misfortune
devolver to give back
el/la dueño/a owner, proprieter
engañar to deceive
enredarse en to get mixed up in
el/la forastero/a outsider
la fuente source
hechizar to entrance, to bewitch
honrado/a honest, honourable
impedir to prevent, to stop
llevar a cabo to carry out
madurar to mature
mentir to lie
el mercado de carnes meat market
el papel role
el/la parroquiano/a parishioner
pegar to strike
poner en práctica to put into practice
recatado/a demure
resentido/a resentful
resuelto/a determined
la riqueza wealth
tomar en serio to take seriously
trancar to bar

6 Writer's methods

◀ El autor, Gabriel García Márquez, dedicando uno de sus libros

One of the most striking **features** of this novel is the way in which Gabriel García Márquez structures the account, giving us different **perspectives** and using language and rhythm that keep the reader interested in following the chronicle of how the fatal death announced at the beginning occurred.

La estructura

The first line of the novel states a fact that immediately **arouses** the attention of the reader: 'El día en que lo iban a matar, Santiago Nasar se levantó a las 5.30 de la mañana para esperar el buque en que llegaba el obispo'. This is a chronicle like those one could find in a newspaper — we should remember that Márquez was a prolific **journalist** — but it states an all-important fact that normally comes at the end of a novel constructed in linear fashion. This is because the structure of *Crónica de una muerte anunciada* is *circular*. We begin with the end of the story and we then piece the story together so as to find out how the murder came to take place.

This structure, which is a well-known method, especially in **crime novels**, is very effective in gaining the attention of the reader, who is thrown into the **thick of the plot** straight away. Márquez, a **master story-teller**, uses a very particular way of **piecing the puzzle together**: he connects what seem to be

feature la característica

perspective el punto de vista

to arouse estimular

journalist el/la periodista

crime novel la novela policíaca/de detectives

thick of the plot el centro del argumento

master story-teller el eximio narrador

to piece together armar

puzzle el rompecabezas

CRÓNICA DE UNA MUERTE ANUNCIADA

loose ends to the murder, so that he, and by extension we, get to understand how such an extraordinary event occurred.

Márquez's narrative technique also establishes 'cycles' within the story, several of them ending in the fact that the murder took place despite many warnings, as part of what seems to be an inescapable destiny. In case we get lost in the **details**, the final lines of most chapters bring us back to the victim and his fate:

detail el detalle

> –No se moleste, Luisa Santiaga –le gritó al pasar–. Ya lo mataron. (Capítulo 1)
>
> –Anda niña –le dijo temblando de rabia–: dinos quién fue. [...]
> –Santiago Nasar –dijo. (Capítulo 2)
>
> –¡Mataron a Santiago Nasar! (Capítulo 3)
>
> –Que me mataron, niña Wene –dijo. (Capítulo 5)

Build critical skills

1 ¿Crees que la historia de esta novela podría contarse con una estructura lineal y tener el mismo efecto? ¿Por qué (no)?

El manejo del espacio y el tiempo

One of the most striking features of the structure of this novel is that Gabriel García Márquez **does away with** certain restrictions in his 'investigation' of the events. The narrator provides the reader with his findings; the reader then has to become active in the **reconstruction** of the events.

to do away/dispense with dejar de lado
reconstruction la reconstrucción

The first restriction he dispenses with is naming the *place* in which the actions occurred; we might know that it is based on events that took place in the Colombian town of Sucre (see chapter 2), but the author only **alludes** to some features of a town, which could be any in the Latin-American Caribbean area — there is a universal Latin-American feel when it comes to location.

to allude to aludir a

The second restriction he does away with is that of *time*, as a linear chronology is replaced by a complicated series of **flashbacks** and anticipations in time. Although the action which precedes the murder takes place between 5:30 and 7:30 a.m., the narration goes back into the past and then forward to describe events around the autopsy, the burial and the *sumario*, and what happens in **subsequent** years. If we **put** events **together**, however, we can find three main units of time:

flashback el *flashback*, la retrospección
subsequent siguiente
to put together juntar

- the murder of Santiago Nasar and the hours that precede it
- the gathering of information by the author 27 years after the murder
- the interviews between the author and Ángela Vicario and the author and Bayardo 23 years after the murder

6 Writer's methods

> **TASK**
> **1** Busca tres citas, una para cada una de las tres "épocas" que se construyen en la novela:
>   1 los momentos que preceden a la muerte de Santiago Nasar
>   2 la recopilación de datos 27 años después
>   3 la entrevista del autor con Ángela Vicario o con Bayardo San Román
> En cada caso, describe brevemente en qué capítulo se encuentran y qué contribuyen a la narración.

The division of the novel into five chapters (see Chapter summaries) does not necessarily coincide with our reconstruction of the main events:
1. We reconstruct Santiago Nasar's moves the moments before he is murdered.
2. We witness the arrival of Bayardo San Román, his wedding to Ángela Vicario, the wedding party and his rejection of her.
3. We are informed of the *before* and *after* of the murder, with details of what the Vicario twins did before and what happened to them in trial and in jail.

This reconstruction is **intricate** and relies heavily in the ability of the reader to follow the **jumps in time** and to build the story.

intricate intrincado/a, complejo/a

jump in time el salto en el tiempo

El narrador y su estilo periodístico

The story in *Crónica de una muerte anunciada* is told from various perspectives. The phrase 'me dijo Plácida Linero, su madre…' in the first paragraph places the reader in the position of someone who is hearing a true chronicle from a journalist (the narrator) in an informal tone. The narrator, however, varies in his point of view, thanks to Márquez's masterful technique.

Three main **points of view** can be identified:
- When the narrator reconstructs the death with details or feelings that are not personal, he uses the *third person singular*, giving an **omniscient** point of view, as in 'El día que lo iban a matar, Santiago Nasar se levantó a las 5.30 de la mañana…' or in 'Cuando Santiago Nasar salió de su casa, …' (chapter 1).
- When the narrator plays the part of both a *narrator* and a *character*, he uses the *first person singular* and adopts a **subjective** point of view, for example in chapter 1: '… cuando volví a este pueblo olvidado tratando de recomponer con tantas astillas dispersas el espejo roto de la memoria' and in chapter 2: 'Muchos sabían que en la inconsciencia de la parranda le propuse a Mercedes Barcha que se casara conmigo, … .'
- When the narrator becomes a **witness**, however, he **takes a step back** and tends to use a combination of the *first person singular and plural*. This gives a much more *descriptive* point of view, that of someone who is unaware of what is going to happen, for example in chapter 2: 'Yo estuve con él todo el tiempo, en la iglesia y en la fiesta, junto con Cristo Bedoya y mi hermano Luis Enrique, y ninguno de nosotros vislumbró el menor cambio en su modo de ser'.

point of view el punto de vista

ominiscient omnisciente

subjective subjetivo/a

witness el/la testigo

to take a step back dar un paso atrás, tomar distancia

masterly magistral

Márquez's **masterly** combination of the objective parts of the narration with subjective descriptions paint a complex picture, slowly unveiled by the narrator in the course of the novel.

> **GRADE BOOSTER**
>
> When answering an exam question about the writer's style and technique, remember that the point of view of the narrator of a story can vary. In this novel, it varies from third person, as the detached, omniscient author, to first person, as an observer of the action and a participant in the story. Don't fall into the trap of oversimplifying the writer's method, that is to say, of thinking that there is a single approach to relating the story, or you will lose credit in your answer.

Build critical skills

2 ¿Qué efecto tendría la novela si tuviera solo un punto de vista, por ejemplo, el omnisciente?

La lengua

Gabriel García Márquez's authorial style is complex and normally characterised by long sentences with **subordinate** and **coordinate clauses** and a rich **lexicon**. This being a *novela-reportaje*, a chronicle, it is more **straightforward** and natural. This is achieved by mixing the narration with dialogue, with the characters voicing short, strong, *sentencias* (judgements). The effect makes us feel as though we are actually experiencing every moment, seeing what the author saw, hearing every **ominous** prediction, always with a sense of foreboding about the inevitable outcome.

subordinate/coordinate clause la oración subordinada/coordinada

lexicon el vocabulario

straightforward directo/a

ominous de mal agüero

Las imágenes

Despite never mentioning the actual place, Márquez does give us some **visual images** to place us in the Colombian Caribbean region, as in:

> Estaba en una colina barrida por los vientos, y desde la terraza se veía el paraíso sin límite de las ciénagas cubiertas de anémonas moradas, y en los días claros del verano se alcanzaba a ver el horizonte nítido del Caribe, y los trasatlánticos de turistas de Cartagena de Indias.

Márquez's Spanish is direct, but rich and sometimes poetic, as is seen in the many adjectives used to construct **sensory images** throughout the novel, for example (our italics):

visual/sensory image la imagen visual/sensorial

> Pero la mayoría estaba de acuerdo en que era un tiempo *fúnebre*, con un cielo *turbio* y *bajo* y un *denso* olor de aguas *dormidas*, y que en el instante de la desgracia estaba cayendo una llovizna *menuda* como la que había visto Santiago Nasar en el bosque del sueño.

There are detailed descriptions of the weather and the climate as in the following:

6 Writer's methods

Hasta entonces no había llovido. Al contrario, la luna estaba en el centro del cielo, y el aire era diáfano, y en el fondo del precipicio se veía el reguero de luz de los fuegos fatuos en el cementerio.

In some instances, these descriptions of the weather are contrasted with the perception of other characters, with a resulting lack of certainty of the narrator in his story-telling. It is a simple but effective technique that makes the reader work to see the different perspectives of the story.

> **TASK**
> **2** Encuentra dos imágenes diferentes, visuales, auditivas o sensoriales, y una metáfora en la novela.

La lengua del Caribe de Colombia

Colombian vocabulary and **phrasing** is present throughout the novel and gives it a distinctive flavour.

phrasing
la expresión

The vocabulary with which the characters express themselves is clearly that used in the Colombian Caribbean coast and alludes to local customs: there are references to 'café cerrero', 'café de olla con ron de caña', 'caribañolas de yuca' (a local type of *empanadas*, also called *carimañolas*), and there is mention of the Caribbean peninsula of 'la alta Guajira', where the author's sister, a nun, was trying to convert people.

Phrases and expressions give the characters a distinctive Latin-American and Colombian sound, despite their **undisclosed** precise origin within the continent, such as when Pablo Vicario says: 'Me estaba yendo en aguas… y no podíamos quitarnos la idea de que eran vainas de los turcos'. The colloquial word *vaina* (*lío, problema*) is common in that region of Latin America and is used by several characters, including the *carniceros* (butchers). The phrase 'No más que lo andamos buscando a matarlo', uttered by Pedro Vicario, includes the common *no más/nomás* (only) and the gerund, which are common in South America, and Don Rogelio de la Flor uses the expletive 'No seas pendeja', which is specifically used with that connotation in that region of the Spanish-speaking world.

undisclosed
no revelado/a

Another feature is the combination of **colloquial speech** and **legal jargon**, which produces a contrast, breaks up the **rhythm** and makes the language varied and interesting. Contrast this informal opinion:

colloquial speech
el habla/registro coloquial

legal jargon
la jerga legal

rhythm el ritmo

> 'Me hice bolas –me explicó Celeste Dangond– pues de pronto me pareció que no podían matarlo si estaba tan seguro de lo que iba a hacer'.

where 'hacerse bolas con' means 'confundirse' in colloquial Colombian usage, with:

> Así consta en el sumario, pero sin ninguna otra precisión de modo ni de lugar. Durante el juicio, que sólo duró tres días, el representante de la parte civil puso su mayor empeño en la debilidad de ese cargo.

where 'sumario' (legal summary), 'modo' (manner) and 'cargo' (charge) are legal vocabulary, used only in a formal context.

The combination of these different local references, uses and registers gives a vivid picture of an event as seen by many people with different backgrounds.

El tono y ritmo de la narración

tone el tono
link la conexión
stressed by marcado por

The **tone** of the novel is that used for a personal investigation rather than a police one. We know that the narrator wants to piece the puzzle together due to a personal **link** with the victim and the town, as **stressed by** the many instances of the phrases 'me contó' and 'me dijo' throughout the novel. We are therefore 'taken by the hand' and read about the events mostly in the first person. The narrator is our guide, as, for example, when he writes: 'En el curso de las indagaciones para esta crónica recobré numerosas vivencias marginales, y entre ellas el recuerdo de gracia de…'.

The tone is also effective in jolting the reader, who is immersed in the everyday details of the narration, back into the bloody reality of how Santiago Nasar was killed, with the mention of gory and shocking details, for example: 'Había dormido poco y mal, sin quitarse la ropa, … desde que salió de su casa a las 6.05 hasta que *fue destazado como un cerdo* una hora después …'.

Another aspect that adds rhythm to the narration is that it is cut by direct dialogue and ominous comments from the characters. The effect is a change of **temporality**, a faster pace, giving a greater insight into what is happening. A good example of this is in a passage in chapter 1 (which needs to be read as a whole) which alternates:

temporality la temporalidad

- description: *Había sido seducida por Ibrahim Nasar…*
- context: *La había amado en secreto varios años…*
- personal history (as witnessed by the author): *'No ha vuelto a nacer otro hombre como ése', me dijo, gorda y mustia…*
- dialogue: *—No seas bárbara —le dijo él—. Imagínate que fuera un ser humano.*

and which eventually returns the reader to:

- the present: *Victoria Guzmán necesitó casi veinte años para entender…*

There are 'sueños premonitorios' like the one Santiago Nasar had at the beginning of the novel, and when objects go missing in the house of the viudo de Xius: '… el alma de Yolanda de Xius le confirmó de su puño y letra que en efecto era ella quien estaba recuperando para su casa de la muerte los cachivaches de la felicidad'. There is, however, little instance of *el realismo mágico,* which describes magical events as if they were commonplace, for which Márquez is so well known (cf. his masterpiece *Cien años de soledad*, which has become the flagship of this **genre**).

genre el género
hyperbole la hipérbole (la exageración)

Although magical realism is rarely used in this novel, García Márquez frequently employs exaggerated statements, or **hyperbole**, a typical aspect of Latin-American expression rather than a literary technique. Note the hyperbole in the description of Santiago Nasar's gun: 'En el monte llevaba al cinto una 357 Magnum, cuyas balas blindadas, según él decía, podían partir un caballo por la cintura'. Exaggeration is also present in the description of the gory detail when Pablo Vicario cuts Santiago Nasar's belly and 'los intestinos completos afloraron con una explosión', or in the passionate way in which Ángela Vicario tries to

6 Writer's methods

win back her husband by writing 2,000 letters. And finally we are told that even when he has been killed, Santiago 'hasta tuvo el cuidado de sacudir con la mano la tierra que le quedó en las tripas'.

Just like in real life, many descriptions, fantastical and exaggerated at times, are mixed with personal impressions, events such as the arrival of the bishop and details of the investigation. The effect is to create the uncertainty (a literary technique) of the narrator when trying to re-create events surrounding the murder. Note, for example, the vivid depiction of this action, which starts as a description of the action but gets mixed with Divina Flor's personal feelings in this paragraph:

> Santiago Nasar atravesó a pasos largos la casa en penumbra, perseguido por los bramidos de júbilo del buque del obispo. Divina Flor se le adelantó para abrirle la puerta tratando de no dejarse alcanzar por entre las jaulas de pájaros dormidos del comedor, por entre los muebles de mimbre y las macetas de helechos colgados de la sala, pero cuando quitó la tranca de la puerta no pudo evitar otra vez la mano de gavilán carnicero.

It is clear that García Márquez wants to both arouse our curiosity and at the same time test our understanding of how accurate our perception is, and he achieves this by the clever use of change of tone and of rhythm within the narration.

> **TASK**
> **3** Encuentra dos ejemplos de *hipérbole* en la narración.

Actividades

1 Decide si las siguientes oraciones referidas a la técnica del autor en *Crónica de una muerte anunciada* son verdaderas o falsas. Si son falsas, corrígelas con tus propias palabras.
   1 La novela *Crónica de una muerte anunciada* se distingue por tener el estilo de las novelas de realismo mágico de García Márquez.
   2 Se pueden observar varios puntos de vista en la narración, que se alternan con diálogos.
   3 La forma de expresarse de los personajes es totalmente universal, no local.
   4 Gabriel García Márquez fue periodista, por lo que el estilo de una crónica de crimen le era conocido.
   5 El tono de la novela es formal y distante, porque la narración está integramente en la tercera persona singular.
   6 El narrador no está confundido por los hechos, y por eso los dice en orden.
   7 Todos los personajes están de acuerdo con que era un día radiante.
   8 Aunque podemos agrupar los hechos, Márquez abandona la unidad de tiempo en esta novela.
   9 Las referencias al lugar físico de los hechos nos hace pensar que estamos en el Caribe.
   10 Los personajes exageran los datos, y esa hipérbole confunde aun más al narrador, que intenta ser objetivo.

2 Completa la siguiente crítica literaria con las palabras del recuadro. ¡Cuidado! Sobra una.

algo que ver	reconstruyéndola
fantástica	magistral
realismo mágico	cautivarnos
ocurrido	dilucidar
logro	entrelazar
testigo	hilo

Se trata esta de una novela .... de Gabriel García Márquez, que llega a .... con una crónica que está basada en hechos reales, pero que tiene mucho de .... Quizás su .... mayor sea el de .... puntos de vista personales, omniscientes y de .... para hacernos perder la seguridad pero seguir interesados en el .... de la historia. Así, vamos .... de la mano del narrador.
La satisfacción de .... el misterio, sin embargo, no llega nunca, ya que aunque descubrimos todos los detalles de lo .... , nunca sabremos en realidad si Santiago Nasar tuvo .... con el deshonor de Ángela Vicario, que le causó la muerte.

3 Conecta los siguientes términos referidos a la técnica con sus definiciones:

1 novela-reportaje
2 mal agüero
3 presagio
4 realismo mágico
5 *flashback*
6 metáfora
7 narración en primera persona
8 hipérbole
9 punto de vista
10 estilo
11 hilo de la historia
12 imagen sensorial

a Género latinoamericano en el que se entrelazan hechos fantásticos con los eventos de una historia de manera natural.
b Figura que hace referencia a los sentidos para lograr un efecto.
c Modo de contar una historia escrita por el/la protagonista/autor(a) mismo/a.
d Característica de la expresión de un(a) autor(a).
e Modo de considerar un asunto.
f Pasaje de una obra literaria que rompe una secuencia cronológica por medio de una referencia al pasado.
g Línea que une los hechos que forman una narración.
h Imagen literaria que se basa en la exageración.
i Predicción de que algo malo va a suceder.
j Recurso literario mediante el cual se comparan un objeto o personaje con otro para describir el primero de forma imaginativa.
k Anticipación de algo que va a suceder.
l Obra literaria que narra un crimen con estilo periodístico.

CRÓNICA DE UNA MUERTE ANUNCIADA

Técnicas del escritor

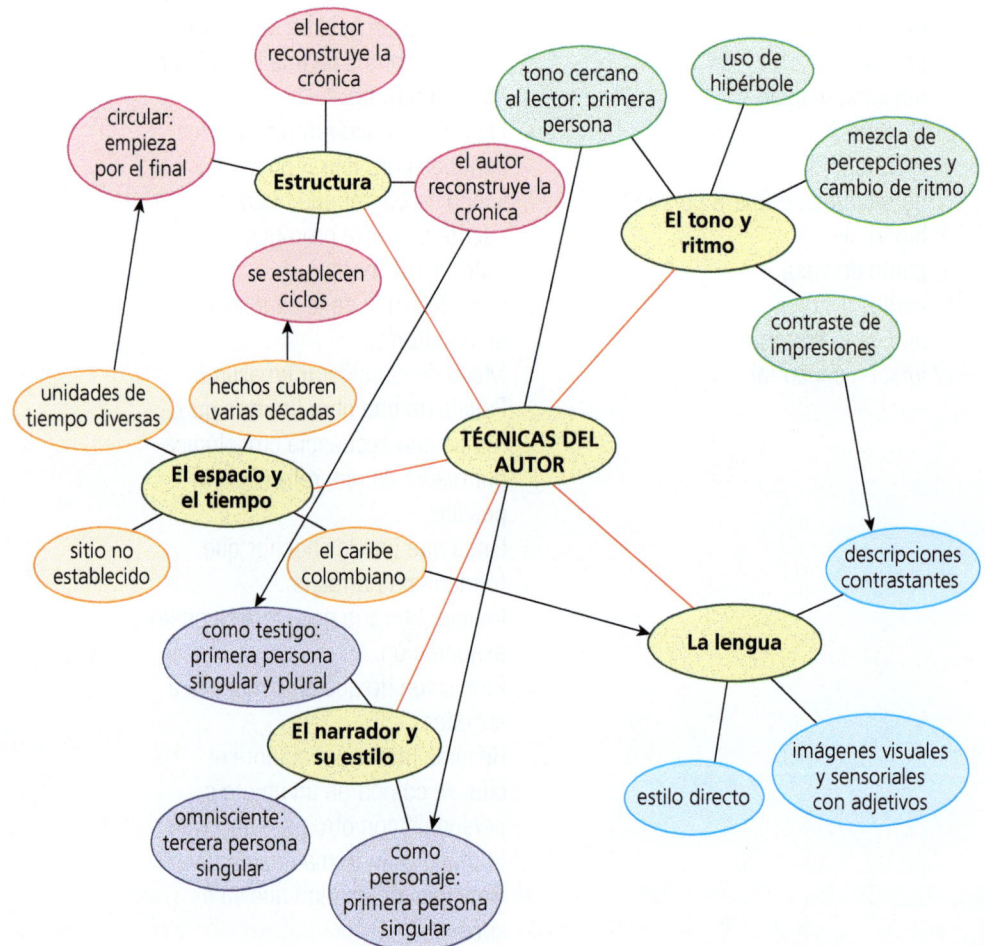

Vocabulario

la afirmación statement
aludir a to allude to
el argumento lineal/circular linear/circular plot
armar, juntar to piece together
la característica feature
el centro del argumento the thick of the plot
la conexión link
dar un paso atrás, tomar distancia to take a step back
dejar de lado to do away/dispense with
de mal agüero ominous
directo/a straightforward
estimular to arouse
la expresión phrasing
el género genre
la hipérbole (la exageración) hyperbole
la imagen visual/táctil/auditiva/sensorial visual/tactile/auditory/sensory image
intrincado/a, complejo/a intricate
la investigación research
la jerga legal legal jargon
magistral masterly
marcado por stressed by
ominisciente omniscient
el/la periodista journalist
preponderante prevalent
el punto de vista perspective
el registro coloquial colloquial speech
la retrospección/el *flashback* flashback
(no) revelado/a (un)disclosed
el rompecabezas puzzle
el salto en el tiempo jump in time
subjetivo/a subjective
la temporalidad temporality
el testigo witness
el tono tone

7 Exam advice

Cómo planear tu redacción

Planning is an important part of your examination time. As a rough guide you should spend about 10 minutes planning your essay, 50 minutes writing it and 5 minutes checking it.

A well-planned essay makes points clearly and logically so that the examiner can follow your argument. It is important to take time to plan before you start writing. This avoids a rambling account or retelling the story of the work you are writing about. The following points may help you to plan your essay well:

- Read the essay question carefully. Make sure you have understood what you are being asked to do rather than focusing on the general topic.
- From the outset it is sensible to plan your essay in the target language. This will prevent you writing ideas that you are not able to express in the target language.
- Focus on the key words. For example, you may be asked to analyse, evaluate, explore, explain. Look for important key words such as *de qué manera, por qué, cómo*.
- Select the main point you want to make in your essay and then break this down into sub-sections. Choose relevant information only. Avoid writing an all-inclusive account which occasionally touches on the essay title.
- Decide on the order of the main ideas which become separate paragraphs. Note down linking words or phrases you can use between paragraphs to make your essay flow as a coherent and logical argument.
- Select one or two relevant and concise quotations which you can use to illustrate some of the points you make.
- Think about the word count for the essay. The examination boards stipulate the following word counts:

	AS	A-level
AQA	Approximately 250 words	Approximately 300 words
Edexcel	275–300 words	300–350 words
WJEC	Approximately 300 words	Approximately 400 words
Eduqas	Approximately 250 words	Approximately 300 words

- Consider how many words to allocate to each section of your essay. Make sure that you give more words to main points rather than wasting valuable words on minor details.
- Finally consider how to introduce and conclude your essay, ensuring that you have answered the question set.

A well-planned essay will have an overall broad structure as follows:
- **Introduction**: you should identify the topic without rewriting the essay title. You should state your position on the issue.
- **Body of the essay**: in several paragraphs you should give evidence to support a number of main points.
- **Conclusion**: here you should summarise your ideas and make a final evaluative judgement without introducing new ideas.

Cómo escribir tu redacción

Enfoque

Now you have to put flesh on the bones of the plan that you have drafted by writing a structured response to the essay question.
- Remember that you are writing for a person who is reading your essay: the content should interest your reader and you should communicate your meaning with clarity and coherence.
- It is important to be rigorous in sticking to your plan and not to get side-tracked into developing an argument or making a point that is not relevant to the specific essay question. Relevance is always a key criterion in the examination mark schemes for essays, so make sure that you keep your focus throughout on the exact terms of the question. Do not be tempted to write all that you know about the work; a scattergun approach is unproductive and gives the impression that you do not understand the title and are hoping that some of your answer 'sticks'.
- It is important to think on your feet when writing an examination essay. If you produce a pre-learnt essay in an examination, in the hope that that will fit the title, you will earn little credit, since such essays tend not to match what is required by the title, and give the impression that you do not understand the question.
- If you are completing an AS examination, the question might require you, for example, to examine a character or explain the theme of the work. You will also have a list of bullet points to help you focus on the question. Ensure that you engage with these guidance points, but be aware that they do not in themselves give you a structure for the essay. At A-level you will normally have a statement requiring you to analyse or evaluate an aspect of the work.
- Since examination essays always have a suggested word limit, it is important to answer as concisely as you can. It should be always possible to write a meaningful essay within the allocated number of words.

Estructura

1 Introducción

The introduction gives you the opportunity to show your understanding of the work. It should be a single paragraph that responds concisely to the essay question. In a few sentences you should explain to your reader what you understand the question to mean, identify issues it raises and say how you are going to tackle them. Avoid statements in the target language that equate to 'I am now going to demonstrate …' or 'This essay is about …'.

2 Desarrollo

- This part will be divided into a number of interconnected paragraphs, each of which picks up and develops the points raised in your introduction.
- Each paragraph should be introduced with a sentence stating what the paragraph is about.
- Make sure you follow a clear pathway through your paragraphs, leading to your conclusion. This requires skills of organisation, in order to ensure the smooth development of your argument. You should move from one facet of your argument to the next, linking them conceptually by, for example, contrast or comparison.
- Each paragraph will have an internal logic, whereby you examine a separate point, making your argument and supporting it with examples and quotations. For example, your essay title might lead you to examine the pros and cons of a statement, with the argument finely balanced. In this case you can dedicate one paragraph to discussing the pros in detail, another to the cons and a third to giving your decision on which view is the more persuasive and why.

3 Conclusión

Read through what you have written again and then write your conclusion. This should summarise your argument succinctly, referring back to the points you raised in your introduction. If you have planned your essay well, there should be no need to do anything other than show that you have achieved what you set out to do. Do not introduce new ideas or information.

Lenguaje

- Linkage of the paragraphs is both conceptual, i.e. through the development of connected ideas in the body of the essay, and linguistic, i.e. through expressions which link paragraphs, sentences and clauses. These expressions are called connectives and they work in various ways, for example, through:
    - contrast (*sin embargo, por otro lado, por el contrario*)
    - explanation (*es decir, en otras palabras, hay que destacar*)
    - cause/result (*como consecuencia, por lo tanto, debido a esto, por esta razón*)
    - additional information (*además, también, asimismo*)
    - ordering points (*primero, luego, a continuación*)

- When writing your essay, a degree of formality is necessary in your style. Be attentive to the register you use, especially the differences between written and spoken language. Avoid colloquial language and abbreviations.
- It is important to learn key quotations from the work and to introduce them in order to support aspects of your argument. When quoting, however, be careful not to make the quotation a substitute for your argument. Quotations should illustrate your point aptly and not be over-long. Resist the temptation to include quotations that you have learned if they are not relevant to the essay question.
- In a foreign language examination, accurate language is always an assessment factor. Review your finished essay carefully for errors of grammar, punctuation and spelling. Check especially verb endings, tenses and moods, and adjective agreements. You should employ a good range of vocabulary and include terminology related to film or literature (e.g. *argumento* (or *trama*), *personaje*, *escena*, *tema*).

For a list of useful connectives and literature-related vocabulary, see pages 69 and 77–79.

Actividades

1 Introducción
Below are four introductions to an A-level essay, based on the following question. Choose the best one and give reasons for your choice.

> "La muerte de Santiago Nasar no fue inevitable". ¿Estás de acuerdo con esta afirmación?

Introducción 1
¡Por supuesto que estoy de acuerdo con esta afirmación! Si solo una persona hubiera querido que se salvara, ese hombre podría seguir vivo. Esto demuestra que la gente es muy mala en el fondo.

Introducción 2
Podríamos decir que la muerte de Santiago Nasar podría haberse evitado. Justamente, ese es el punto de inflexión de la novela "Crónica de una muerte anunciada", y es el que nos mantiene interesados en descubrir por qué, aunque fue "tan anunciada", la muerte terminó sucediendo.

Introducción 3
Si dijéramos que el destino dictó la muerte de Santiago Nasar, estaríamos en lo cierto, porque su muerte sí fue inevitable. Es lo que insiste García Márquez desde el principio de la historia. Es un mensaje potente, y muy cierto: el destino está escrito aunque intentemos borrarlo. Si no, no existiría esta historia.

Introducción 4
No podemos decir que la muerte de Santiago Nasar fue evitable ni inevitable, porque la novela no trata de eso, sino del honor. El honor es lo que dictó la muerte del muchacho, y tenemos que entenderlo desde el punto de vista de la Colombia de 1951.

2 Estructura y conexión
The following is a short account of the real incident that was the inspiration for the novel. Decide on the correct order of paragraphs A–F, taking into account the ideas and how they are connected.

A Sin embargo, los directivos del diario en el que trabajaba no lo querían dejar ir allí porque pensaban que su interés personal en el reportaje podría nublar su juicio. Por eso, el autor no pudo entrevistar a testigos cuando ocurrió el suceso. Pero esto no le impidió investigar el caso durante los casi 30 años siguientes.

B Otro paralelo con la novela es que, la mañana que iba a morir, Cayetano fue al puerto del río. Quería despedirse de Miguel y Margarita, que se iban de luna de miel. Lo curioso fue que ellos no aparecieron. Luego Cayetano fue a ver a su novia con la intención de volver a su casa después.

C Primero, ella se negó a nombrar al hombre y Miguel la devolvió a su madre, como en la novela. Finalmente, ella confesó a uno de sus hermanos que era Cayetano Gentile, un estudiante de medicina y amigo de Miguel. Esto es expuesto por García Márquez en su narración.

D Mientras tanto, una muchedumbre se juntó cerca la casa de Cayetano. Su madre, que había sido informada que los hermanos Chico querían matar a su hijo, los vio acercarse y trancó la puerta. No se le ocurrió que Cayetano estaba fuera. Es así como los hermanos acuchillaron al pobre hombre.

E En 1951, en Sucre, un pueblo colombiano cerca del Caribe, aconteció un asesinato horroroso. En aquella época, Gabriel García Márquez era periodista y trabajaba en la ciudad de Barranquilla. Cuando oyó que la víctima era un amigo suyo, decidió ir a Sucre para investigar el asunto.

F En dichas conversaciones, descubrió que los hermanos que se vengaron en la realidad no eran gemelos. Su hermana, Margarita Chica Salas, era profesora, y se había casado con un joven rico, Miguel Reyes Palencia. Miguel descubrió entonces que Margarita no era virgen y pidió a su mujer una explicación.

3 Conjunciones y conectores

Remember that it is important to connect the ideas in your essay with conjunctions and connectives, although you must not abuse them. Choose the conjunctions and connectives that you consider the most suitable ones for the following paragraph about the structure and the role of the narrator in *Crónica de una muerte anunciada*.

1 Porque/Ya que/Cuando *nos disponemos a leer la novela* Crónica de una muerte anunciada, *nos encontramos con* **2** que/cual/aun *empieza con el final de la historia,* **3** o/y/ni *desde el principio sabemos que van a matar a Santiago Nasar.* **4** Aunque/Es así que/Debido a que *nos disponemos a transitar el camino de recomponer los hechos junto al narrador,* **5** quien/cual/cuyo *no es otro que Gabriel García Márquez,* **6** cual/cuyo/cuya *interés en el caso viene del crimen real en* **7** la que/el que/lo que *un amigo perdió la vida por un cúmulo de coincidencias.* **8** Por eso/Aunque/Sin embargo, *esta pequeña obra maestra presenta las características de no ser lineal en el tiempo* **9** no/aun/ni *en el espacio, y de que el narrador puede ser* **10** más bien/o bien/también *omnisciente, o contar la historia en primera persona como protagonista, o incluso ser* *testigo,* **11** *el cual/la cual/lo cual nos ayuda a ver la acción desde distintas perspectivas.* **12** Por consiguiente/Pues/Ya, *García Márquez mantiene nuestro interés vivo en descubrir no solo los hechos,* **13** pero/aún/sino *el cúmulo de actitudes y de coincidencias* **14** que/cuales/quienes *lo hicieron posible.*

4 Citas

Remember that quotations are useful as a way of justifying your ideas. Link the following quotations with the idea that they would support in an essay. You can link each quotation with one idea only.

A	Nunca hubo una muerte más anunciada.	**1**	Los gemelos aprendieron las costumbres varoniles, sus hermanas las de las esposas.
B	[los ciudadanos]… se consolaron con el pretexto de que los asuntos de honor son estancos sagrados a los cuales solo tienen acceso los dueños del drama.	**2**	Comprendí de repente que no podía tener a un esposo más apropiado.
C	Los hermanos fueron criados para ser hombres. Ellas habían sido educadas para casarse.	**3**	La gente del pueblo se tranquilizó pensando que el honor es un tema que involucra solo a los protagonistas.
D	–Lo matamos a conciencia –dijo Pedro Vicario–, pero somos inocentes.	**4**	El hecho de que todos supieran esto es realmente sorprendente.
E	[Flora Miguel] "Me di cuenta de pronto de que no podía haber un partido mejor que él".	**5**	Uno de los hermanos declaró que no eran culpables y que cometieron el asesinato intencionalmente, pero sin culpa.

Essay-writing vocabulary

a causa de because of
la acción ocurre en (el pasado/presente/futuro) the action takes place in (the past/present/future)
además furthermore, moreover
además de in addition to
ahora sigamos/continuemos con... let us now continue with...
al contrario on the contrary
al mismo tiempo at the same time
al principio at the beginning
el ambiente (de la ciudad, del barrio...) the atmosphere (of the town, district...)
a medida que avanza el relato as the story progresses
analizar to analyse
asimismo likewise
básicamente basically
cabe destacar que... it should be stressed that ...
como consecuencia (de) as a result (of)
como punto de partida as a starting point
como señala el autor/la autora as the author points out/shows
con referencia a with reference to
con respecto a in relation to, regarding
de manera semejante in the same way
el desarrollo de la trama the development of the plot
el desarrollo lineal linear development
el desenlace denouement, outcome
destaca el personaje [x] the character [x] stands out
en cambio on the other hand, instead
en ciertos aspectos in some/certain respects
en/como consecuencia as a result
en estos tiempos these days
en mi opinión, (no) se puede creer que... in my opinion, one can(not) believe that...
en pocas palabras briefly
en primer/segundo lugar in the first/second place
en realidad in fact, in reality

en resumen to sum up, in a nutshell
en su conjunto on the whole
una escena emocionante an exciting/emotional scene
es decir that is (to say)
es un telón de fondo perfecto it is a perfect backcloth/backdrop
la evolución del personaje the development of the character
hay que tomar en cuenta you have to take into account
hoy en día nowadays
una imagen eficaz an effective image
incluso se puede decir que... you/one can even say...
interpretar to interpret
el/la lectora reader
leyendo el libro, uno se da cuenta de que... reading the book, you realise that...
lo cierto es que... the fact/truth is that...
luego then, next
mientras tanto meanwhile
no se puede negar que... it cannot be denied that/there's no denying...
la novela refleja (la realidad de la época, etc.) the novel reflects (the reality of the period etc.)
otro ejemplo es... another example is...
para comenzar/terminar to begin/to finish
para concluir in conclusion
parece que it seems that
pongamos por caso for instance
por el contrario on the contrary
por lo general in general
por lo tanto therefore
por último finally, in the end
por una parte... por otra... on the one hand... on the other...
primero, consideremos... first let's consider...
el propósito principal the main purpose
la razón por la que the reason why
recrear el período/lugar to re-create the period/place
resulta difícil creer que... it is hard to believe that...
un resumen del argumento plot summary

un retrato del/de la protagonista a portrait of the protagonist

sea lo que sea, hay que decir que... be that as it may/in any case, you have to say that...

se diferencian mucho en su carácter they are very different in character/temperament

según hemos ha visto as has been seen

el sentido de lugar sense of place

se podría incluso decir que... you could even say...

se suele afirmar que... it is often said/claimed that...

sin duda without doubt

sobre todo especially

también debemos considerar que... we must also consider that...

el telón de fondo backcloth, background

el tema principal the main theme

tengo la impresión de que... I have the impression that...

tiene un carácter duro/simpático/alegre he/she has a hard/kind/cheerful character

la vida interior de los personajes the characters' inner life

8 Sample essays

Although a mark is awarded in the examination for use of language (AO3), all the example essays used here are grammatically accurate and the examiner comments focus on the students' ability to critically and analytically respond to the question (AO4).

AS essays
Question 1

> Examina cómo se desarrolla la relación entre Bayardo San Román y Ángela Vicario. Puedes mencionar:
> - el noviazgo/el cortejo
> - la familia de Ángela
> - la boda
> - el reencuentro

Student A

> "Crónica de una muerte anunciada" es una historia de amor entre dos jóvenes, Bayardo San Román y Ángela Vicario, en un pueblo rural. Cuando se conocen, primero Ángela odia a Bayardo porque es un hombre altivo con mucho dinero, pero tiene que casarse con él.
>
> Bayardo se enamoró de Ángela a primera vista. Le dio el premio que había ganado en una verbena de caridad, pero esto no parecía impresionarla. A Pedro y Pablo, los hermanos de Ángela, les encantaba Bayardo. Los padres decidieron que era buen partido.
>
> La boda fue una gran fiesta. Los problemas comenzaron la noche de bodas porque Ángela no era virgen. Ángela iba a engañar a su marido, pero no lo hizo. Como consecuencia, Bayardo descubrió que no era virgen y devolvió a su esposa a su madre.
>
> A Ángela esto le costó la felicidad. Además, la familia Vicario había perdido su buena reputación. Cuando sus hermanos llegaron a casa, preguntaron a Ángela quién era el hombre que le había robado la virginidad, y ella contestó "Santiago Nasar". Entonces, los hermanos decidieron matarlo.

> *Durante muchos años, Bayardo y Ángela no se comunicaron, pero ella se dio cuenta de que estaba enamorada de Bayardo y le escribió 2.000 cartas. Un día, él llegó a la casa de Ángela con las cartas sin abrir. Había perdonado a su esposa y quería vivir con ella otra vez.*
>
> *Desde el punto de vista de Ángela, la relación se desarrolló mal hasta la boda, porque no quería casarse con Bayardo, y finalmente él la rechazó. Desde el punto de vista de Bayardo todo fue bien hasta la boda, porque logró su meta, que era casarse con ella. Finalmente la historia tuvo un final feliz con el reencuentro entre los dos.*
>
> *(290 palabras)*

Examiner comments

This is a middle-range performance at this level, in which the student shows a fair knowledge of the novel but fails to answer the question in any depth.

The main focus of the title is on 'development' and 'relationship'. The introduction addresses the question of the first contacts between the couple, but it does not anticipate how the relationship actually develops.

The four points of the title are covered but, in general, the approach adopted is a 'story-telling' one: the candidate by and large knows the story but fails to analyse the relationship, and the characters' motivation for any change in attitude.

The fourth paragraph is largely irrelevant to the question. The student could have used the space to describe Ángela's parents and upbringing insofar as they had a bearing on her relationship with Bayardo.

The conclusion is a fair summary of the student's examination of the relationship, but this remains at a fairly superficial level.

Student A would be likely to receive a mark in the middle band for AO4 for this essay.

Student B

En la novela "Crónica de una muerte anunciada" hay una relación que da motivo a toda la acción y a sus consecuencias: la de Bayardo San Román y Ángela Vicario.

Bayardo San Román es un joven apuesto, de unos 30 años, envuelto en misterio. Muy pronto sabemos que lo que quiere es casarse, y elige, al azar y de manera altanera, a Ángela Vicario.

Los Vicario se dedicaron a formar una familia honrada: dos hijos gemelos, Pedro y Pablo, criados como hombres, dos hijas mujeres, "educadas para casarse", y la menor, Ángela, que "tenía un espíritu desamparado y una pobreza de espíritu". Esto no detiene al novio, que trata de impresionarla con regalos, y que logra encantar con sus ínfulas a los Vicario. Aunque la joven no lo ama, es obligada a casarse con él.

Sin más remedio, la boda, una "parranda" que se transforma en un "evento público", se celebra. Los novios se retiran a su casa antes del amanecer, pero a las pocas horas Bayardo habría de devolver a su novia a su casa, ya que no era virgen. El desdichado novio se va a Riohacha para no volver.

Sin embargo, Ángela, también desterrada, "nació de nuevo" y se volvió loca por Bayardo. Le escribió cartas, que Bayardo recibía pero nunca respondía. Un día, Bayardo aparece en su puerta, con una maleta y 2.000 cartas sin abrir, para quedarse con su legítima esposa. Las cartas alimentaban la pasión de Ángela, y lograron enamorar nuevamente a Bayardo.

Se trata entonces de una historia de amor no correspondido al principio, pero esta pareja parece lograr la felicidad a pesar de todos los percances que han vivido.

(276 palabras)

8 Sample essays

Examiner comments

This is a high-grade essay for this level. It flows well and is carefully constructed, addressing the four points systematically. The student writes relevantly on the key question of the development of the relationship of the couple.

The introduction responds to the essay title but could have expanded briefly on its implications, e.g. by stating that the relationship developed in a particular way.

The quality of the analysis is very good throughout, with relevant quotations, showing the importance of Ángela's family for the relationship, and the reason for its breakdown after the wedding. The reasons for the eventual change of heart in both Ángela and Bayardo are clearly stated.

The conclusion gives an overview which is neat and to the point.

Connectives are well used, giving a good flow and coherence to the answer.

Student B would be likely to receive a mark in the top band for AO4 for this essay.

Question 2

Examina cómo se percibe el honor en la novela. Puedes mencionar:
- lo que significa para Bayardo San Román
- lo que implica para los gemelos Vicario
- qué piensa del honor Ángela Vicario
- para quién(es) es importante el honor en el pueblo

Student A

En esta novela, hay un problema de honor que afecta a toda la comunidad. Una mujer joven, Ángela Vicario, que va a casarse con un forastero rico, Bayardo San Román, ha perdido su virginidad con un hombre desconocido y por eso, al descubrir el secreto de Ángela, Bayardo la devuelve a su familia.

Para Bayardo, el honor equivale a su reputación y es tan importante como la vida. Así es que no tiene más remedio que devolver a su esposa. Es imposible que acepte el "pecado" de su esposa.

Para los hermanos Vicario, cuya familia es pobre pero honrada, el honor no es menos importante. Para ellos el honor es como una ley. Cuando saben que el hombre que robó la virginidad a su hermana es Santiago Nasar, se preparan para vengarse. Pero en realidad no quieren matarlo y durante la noche informan a todo el mundo de su intención.

> *Desafortunadamente, tienen que matar al desgraciado Santiago, que era inocente. Después de matarlo vuelve la tranquilidad.*
>
> *Para Ángela Vicario, el honor no parece tan importante, pero reconoce la importancia de la reputación, y se siente avergonzada después de perder su virginidad. Como mujer, no tiene la obligación de recobrar el honor perdido.*
>
> *El honor es importante para todo el pueblo porque forma parte de su tradición. Para ellos, "los asuntos del honor son estancos sagrados a los cuales solo tienen acceso los dueños del drama". Por eso muchos de ellos se juntan en la plaza para ver el espectáculo del asesinato de Santiago Nasar sin hacer nada para pararlo.*
>
> *Se percibe el honor como una ley que no puede ser quebrantada. Si se venga la afrenta, desaparece el deshonor.*
>
> *(279 palabras)*

Examiner comments

This is a middle-range performance at AS. The essay addresses the four points systematically in the body of the essay.

The student shows a fair knowledge of the question of honour but there are some misunderstandings concerning the way that characters react to this issue.

The introduction would have been more effective if the focus had been on the characters' *perception* of honour.

Some good points are made in the third paragraph, but it assumes that Santiago was innocent, which is debatable. The paragraph finishes with an incorrect judgement of the brothers' state of mind after the event. Similarly, the student misjudges Ángela's emotions after losing her virginity. The penultimate paragraph, however, is appropriate, containing a well-chosen quotation concerning perception.

The conclusion is effective: it does not do full justice to the essay title/bullet points, but it is clear and to the point.

Student A would be likely to receive a mark in the middle band for AO4 for this essay.

Student B

En la novela "Crónica de una muerte anunciada" podemos ver distintas percepciones del honor, que cambian según los personajes.

En primer lugar, tenemos a Bayardo San Román, el misterioso rico que llega al pueblo. La noche de bodas descubre que Ángela Vicario no puede mostrar "la mancha del honor", al no ser virgen. Esto es una deshonra para su hombría y rechaza a su esposa.

Esta acción provoca a su vez un gran deshonor a la familia Vicario, humilde pero de nombre intachable. Por eso, los gemelos Vicario se ven en la dura tarea de "limpiar el nombre" de su hermana, matando a Santiago Nasar de una manera pública. En el fondo no quieren hacerlo. Cuando finalmente logran cometer el asesinato, su honor se restablece, pero no su paz.

Lejos de preocuparse por su honor, Ángela Vicario actúa como si no existiera. Su falta de interés se traduce en que no oculte que no es virgen, y aún después de ser devuelta a su familia, dice — y nunca sabremos si fue cierto — que su "autor" fue Santiago Nasar. Esto demuestra lo poco que le importan las consecuencias de sus actos.

No es el caso de la mayoría de la gente del pueblo, que se entera de que los gemelos Vicario van a matar a Santiago Nasar. Son pocos los que deciden "estar del lado del muerto", pero en realidad no actúan ni advierten a Santiago Nasar. Esto demuestra que en el fondo, todos están de acuerdo con que el honor, muy importante en este contexto colombiano del siglo XX, se antepone a la vida del muchacho.

Es así que vemos cómo un tema tan esencial como el honor puede ser percibido de distintas maneras y dar motivación a los personajes para sus acciones en una historia.

(296 palabras)

Examiner comments

This is a very well-written essay that sticks closely to the notion of 'perception'. The four bullet points are given appropriate coverage and the analysis of each of them is clear.

The introduction is brief, and would have benefited from a little more explanation of context. Mention of the title is unnecessary.

The four paragraphs that constitute the body of the essay show a good grasp of the issues and give a logical explanation for the different perception of honour in the various characters. This shows that the student has paid close attention to the wording of the bullet points.

The student uses sophisticated language for this level and makes very good use of connectives.

The conclusion is brief but the points made are succinct and valid.

Student B would be likely to receive a mark in the top band for AO4 for this essay.

A-level essays
Question 1

"La muerte de Santiago Nasar no fue inevitable". ¿Estás de acuerdo con esta afirmación?

Student A

En esta novela, un hombre inocente, que se llama Santiago Nasar, muere porque una mujer, Ángela Vicario, lo acusa de desvirgarla. Cuando los hermanos de ella, Pedro y Pablo Vicario, oyen la acusación, deciden enseguida que aquel hombre debe morir. Eso es porque han perdido la reputación, y solo matando a Santiago Nasar pueden recobrar el honor de la familia.

La muerte de Santiago Nasar, ¿fue inevitable? Yo diría que sí, que es su destino morir como un cerdo delante de la puerta de su casa. Aunque muchas personas lo sabían, porque ellos las informaron de su intención, nadie quería decírselo a Santiago. ¿Por qué? Porque en este pueblo, hace más de medio siglo, seguían unas reglas de comportamiento muy estrictas en cuanto a la reputación. Cuando una mujer no casada perdía su virginidad, todos pensaban que el castigo debía ser la muerte del hombre responsable.

Ciertos personajes querían prevenir a Santiago del riesgo, como por ejemplo su amigo Cristo Bedoya, pero él es impotente frente al destino. La ofensa era enorme, y no había posibilidad de que Santiago evitara la muerte. Si alguien hubiera prevenido a Santiago de las intenciones de los gamelos, quizás los hermanos habrían encontrado otra manera de vengarse. Además, sabían que la religión y la ley del país los apoyarían.

Para concluir, no estoy de acuerdo con esta afirmación. El honor ultrajado es lo que lleva a los hermanos a matar a Santiago Nasar. La gente sabe que es el destino del joven morir para expiar el delito contra el honor la familia. Es por eso que se reúnen en la plaza para disfrutar de ese espectáculo que termina en la muerte inevitable de Santiago Nasar. La población está satisfecha de que se haya hecho justicia.

(291 palabras)

Examiner comments

This is a middle-range performance at A-level. The essay develops logically and the overall structure is satisfactory.

The introduction explains the context but ought also to have broached the question of inevitability, which is the core of the question. The assumption that Santiago is innocent is questionable.

The second paragraph puts strongly the student's agreement with the statement in the essay title, but the stance taken is simplistic. It fails to convince because it does not take into account possible counter-arguments, which would explore the role of coincidence and bad luck. There is one factual error concerning Santiago's knowledge of the threat to his life: he was, in fact, informed of this just before he was murdered.

The conclusion re-affirms the student's argument but strays unnecessarily into the reasons for the murder.

The level of language is good, with successful use of subordinate clauses.

Student A would be likely to receive a mark in the middle band for AO4 for this essay.

Student B

La muerte de Santiago Nasar fue anunciada, y por un cúmulo extraño de coincidencias y percances, sucedió, pero definitivamente no fue inevitable. Sería fantasioso presumir que un hecho así, aunque basado en un hecho real, esté escrito de forma indeleble en el destino.

Para empezar, podemos entrever que hay personajes que simplemente eligen no advertir directamente a la víctima. Tomemos el ejemplo de Victoria Guzmán, que admite que ella y su hija Divina Flor lo sabían, pero no lo previno porque pensó que "eran habladas de borracho". Tal y como lo hacen los carniceros, que reciben a los hermanos Vicario a afilar sus temibles cuchillos y los escuchan decir "vamos a matar a Santiago Nasar".

Podríamos decir que Clotilde Armenta es una de las pocas personas que tratan de evitar el asesinato, porque al llegar el alcalde a su negocio y quitarles los cuchillos a los gemelos, se sorprende de que el coronel Aponte no los arreste. Sin embargo, el alcalde se conforma con la débil explicación de que "ya no tienen con qué matar a nadie", y tampoco actúa.

Las autoridades religiosas y la justicia ¡ni siquiera muestran gran interés por evitar el siniestro! Quizás García Márquez haya solapado una crítica a estas instituciones, porque el padre Amador simplemente "se olvida" de advertir del crimen a la madre de Santiago Nasar al cruzar la calle. El alcalde es casi apático, y el juez mezcla sus notas con referencias literarias. Si tan solo uno de ellos hubiera hecho su trabajo, Santiago Nasar habría sobrevivido.

En conclusión, vemos que no solo se dieron circunstancias especiales para que sucediera el asesinato, sino que hubo mala voluntad por parte del pueblo; parece ser que en el fondo o no les interesaba, o simplemente estaban de acuerdo con que este joven inocente perdiera la vida.

(301 palabras)

8 Sample essays

Examiner comments

This is a very sophisticated response. The student accumulates evidence throughout which counters the quotation convincingly.

The structure of the essay is well developed, each paragraph picking out a particular aspect that contributes to the overall argument. These aspects are well chosen and varied, covering the house servants, an outside observer, the institutions of the church and the law, and the ordinary people of the town. The inclusion of the judge among these witnesses is mistaken, since his role begins after the murder takes place.

The student uses a wide range of constructions and appropriate vocabulary, including connectives. Literary vocabulary is used where appropriate, without being overdone.

The conclusion is the least satisfactory part of the essay. It ought to have summed up the argument rather than introduce a new (although valid) point concerning the attitude of the people as a whole.

Student B would be likely to receive a mark in the top band for AO4 for this essay.

Question 2

> Esta novela es una narración de estilo y forma periodística. Analiza la función del narrador teniendo esto en cuenta.

Student A

> Gabriel García Márquez fue periodista durante mucho tiempo, y vemos que construye esta novela de estilo y forma periodísticos. La fuente real de la novela es el asesinato de un amigo de García Márquez en Colombia en el pasado, cuando el autor era periodista. Durante un tiempo escribió notas, como buen periodista, sobre este incidente y habló con la gente del pueblo sobre cómo participaron en el asesinato. Finalmente, después de entender todo, publicó la novela.
>
> Lo que da autenticidad a la narración es que García Márquez se inventa como personaje, el narrador-periodista, que hace la reconstrucción de la historia. Emplea técnicas como testimonios pero utiliza sus recuerdos personales, así como lo hacen los periodistas. La evidencia que recoge es muy imprecisa y confusa. A veces es contradictoria y hay muchos ejemplos de esto. Esto da autenticidad a la narrativa; sabemos que los testigos de cualquier suceso están en desacuerdo a veces. Como buen investigador, busca en los archivos del

Palacio de Justicia de Riohacha el sumario del caso del juez instructor y descubre quién es el culpable del crimen.

García Márquez, como personaje de la historia, es testigo de muchos sucesos, nos da detalles personales de su familia, inclusive de su encuentro con su novia en la plaza del pueblo. También actúa como narrador omnisciente cuando quiere decirnos algo que él nunca supo. Aunque la novela se llama "crónica", el autor no sigue un tiempo cronológico. El narrador cambia el tiempo y el lugar frecuentemente, y repite sucesos. Esto da a la narrativa un aspecto caótico que no parece típico del periodismo en su forma.

En conclusión, muchas técnicas de la novela son periodísticas, pero la forma de la novela no es la de una crónica. La función del narrador es reunir un montón de evidencia para reconstruir la historia.

(301 palabras)

Examiner comments

This is a middle-range performance at A-level. The student makes some good points about the author's journalistic technique, but fails to back these points up with sufficiently detailed evidence.

The structure of the essay is unbalanced, the introduction being rather long in relation to the remainder of the essay. It concentrates on the 'history' of the book and its source, only briefly mentioning techniques when repeating the title of the essay. The investigative time taken by García Márquez is expressed vaguely and the last sentence shows a misunderstanding of the degree of the author's knowledge of the case.

The body of the essay analyses the use of techniques, with some perceptive comments, but these are inadequately supported by specific evidence, with the exception of the reference to the meeting with the narrator's *novia* (although the meeting-place is incorrect). Further, there are factual errors concerning the preciseness of the evidence gathered by the narrator and the conclusion of the judge's report about who committed the crime.

At the end of the third paragraph the student makes an important point about the chaotic form nature of the narrative, which contradicts the assertion made in the first sentence of the introduction.

The level of the language is good, with good use of subordinate clauses. There is some use of literary terminology. The conclusion is clear and succinct.

Student A would be likely to receive a mark in the middle band for AO4 for this essay.

Student B

Aunque Gabriel García Márquez sea más conocido por sus novelas de realismo mágico, la novela "Crónica de una muerte anunciada" se inscribe en las de estilo periodístico, un estilo que, como eximio periodista, el autor despliega con maestría.

En dicho estilo hay un elemento central que transforma la historia: el narrador. Este desempeña tres roles diferentes: el de simple observador omnisciente, el de personaje y el de testigo de la acción como personaje. Cada uno de ellos tiene distintas características, y en su conjunto logran dar veracidad a la historia.

Cuando el narrador reconstruye la muerte de Santiago Nasar desde su propia perspectiva, utiliza un punto de vista omnisciente, en tercera persona. Ya la primera oración "El día que lo iban a matar, Santiago Nasar se levantó..." establece esta perspectiva. Pronto, sin embargo, nos encontramos con un narrador que participa en la acción, en cuyo caso usa la primera persona del singular y un punto de vista subjetivo; podemos observar ejemplos de este punto de vista cuando nos habla de cómo encontró a la madre de Santiago Nasar. Por último, podemos encontrar un tercer punto de vista, que es el de testigo directo de la acción, que se desarrolla en la tercera persona singular y plural. Podemos verlo cuando declara de Santiago Nasar que "... ninguno de nosotros vislumbró el menor cambio en su modo de ser".

Además, tenemos diálogo directo, que se mezcla con estos estilos, especialmente al final de cada capítulo, para cerrar ciclos y repetirnos que mataron a Santiago Nasar.

Es así como Gabriel García Márquez cautiva al lector, que se deja llevar por una crónica que en ciertos momentos parece un relato periodístico sorprendente, pero se vuelve más creíble al combinarse los puntos de vista y un narrador que sentimos muy presente. Es un verdadero testimonio del genio de este autor.

(305 palabras)

Examiner comments

This is an exceptionally well-written essay, which shows a very good awareness of journalistic and literary techniques.

The introduction makes the key point that this novel is in a journalistic style, but fails to mention the fact that García Márquez is both author and narrator.

The question of the narrator is fully addressed in paragraph 2, which analyses successfully, and in a sophisticated way, how the author varies the points of view of the journalist who is writing the chronicle. The techniques used, which are broadly literary rather than exclusively journalistic, are well described.

The conclusion sums up effectively both the journalistic approach and the narrator's different perspectives in pointing to the reasons for the success of the novel.

The student uses a wide range of vocabulary, and handles literary vocabulary effortlessly. Linkage between sentences and paragraphs is very good.

Student B would be likely to receive a mark in the top band for AO4 for this essay.

9 Top 10 quotations

In order to be able to recall essential aspects of the novel, it is advisable for you to focus on quotations. You do not necessarily need to learn them by heart, but it is important to recall and even paraphrase them when you write about the novel.

The following are the top 10 quotations from the novel *Crónica de una muerte anunciada*:

1

El día en que lo iban a matar, Santiago Nasar se levantó a las 5.30 de la mañana para esperar el buque en que llegaba el obispo.

- Esta es una cita esencial porque:
    - Establece el tono de la narración: se trata de una novela-reportaje.
    - Es la primera oración de la novela, y nos cuenta muy resumidamente su final.
    - Nos da una clara indicación de quién es el protagonista, que es la víctima.
    - Establece un contexto al mencionar la llegada del obispo en el buque.
    - Nos ayuda a entrar en la acción directamente al dar detalles.

2

… los gemelos declararon al final del juicio que hubieran vuelto a hacerlo mil veces por los mismos motivos.

- Esta es una cita esencial porque:
    - Muestra los valores morales de la época: los hombres deben vengar a una persona o familia agraviada.
    - Declara de forma inequívoca que los hermanos se consideran inocentes.
    - Muestra que los personajes no sienten culpa ni arrepentimiento.
    - La conclusión, "mil veces y por los mismos motivos", demuestra que sienten que están totalmente justificados.
    - Suscita en el narrador, y por extensión en el lector, un choque de valores.

3

—Lo matamos a conciencia —dijo Pedro Vicario—, pero somos inocentes.
—Tal vez ante Dios —dijo el padre Amador.
—Ante Dios y ante los hombres —dijo Pablo Vicario—. Fue un asunto de honor.

- Esta es una cita esencial porque:
    - Muestra muy claramente lo que piensan los personajes.
    - Aunque sea chocante para el lector, muestra la opinión del representante de la Iglesia: Dios acepta un crimen basado en el honor.

- Establece muy claramente que los hermanos sabían muy bien lo que hacían, ya que era "a conciencia".
- Refuerza que los hermanos piensan que el honor era tan importante para los hombres como para la Iglesia entonces.
- Deja en claro los valores de los protagonistas.
- Su tono es inequívoco y muy directo. Es un ejemplo de la técnica de diálogo que emplea el narrador.

4 … hicieron mucho más de lo que era imaginable para que alguien les impidiera matarlo, y no lo consiguieron.
- Esta es una cita esencial porque:
    - Nos muestra la motivación de los personajes: en realidad no querían matar a Santiago Nasar, pero *tenían* que hacerlo.
    - Resume la acción de los gemelos Vicario.
    - Añade a la frustración de los personajes, del narrador y del lector.
    - Nos muestra un punto de vista que quizás no sea evidente para el lector.
    - Refuerza los temas de la *responsabilidad colectiva* (alguien), el *honor* (matarlo) e incluso la *fatalidad* (no lo consiguieron).

5 Nunca hubo una muerte más anunciada.
- Esta es una cita esencial porque:
    - Refuerza el tema de la novela en una sola frase.
    - Nos indica de forma inequívoca la forma en la que sucedieron las cosas.
    - Es cortante en su tono.
    - Los dos superlativos, "nunca" y "más + adjetivo" fijan que se trata de un caso muy especial.

[el coronel Lázaro Aponte] Los trataba [a los hermanos] con la misma complacencia de sí mismo con que había sorteado la alarma de la esposa.
- Esta es una cita esencial porque:
    - Demuestra la inutilidad de la policía como institución.
    - Establece que el representante de la ley es superficial y demasiado seguro de sí mismo.
    - Muestra una falla trágica en el personaje, la que lleva a consecuencias graves.
    - Tiene un tono crítico hacia la falta de sentido común: la esposa estaba alarmada, pero el coronel no le hizo caso.

- Es una crítica solapada de García Márquez hacia una institución.
- Provoca sorpresa en el narrador, y por extensión en el lector.

7

… cuando [el padre Amador] atravesó la plaza lo había olvidado por completo. "Usted tiene que entenderlo –me dijo–: aquel día desgraciado llegaba el obispo".

- Esta es una cita esencial porque:
    - Demuestra la inutilidad de la Iglesia como institución.
    - Establece que el representante de la Iglesia está más interesado en la formalidad (la visita del obispo) que en un acto de compasión humana.
    - Es una crítica solapada de García Márquez hacia una institución.
    - Provoca sorpresa en el narrador, y por extensión en el lector.

8

… a todo el que quiso oírla [Ángela Vicario] se la contaba [la historia] con sus pormenores, salvo el que nunca se había de aclarar: quién fue, y cómo y cuándo, el verdadero causante de su perjuicio…

- Esta es una cita esencial porque:
    - Nos muestra una Ángela Vicario madura que es diferente a la joven.
    - Deja entrever los valores de Ángela: es abierta con respecto a su pasado, pero no con respecto a sus responsabilidades.
    - Muestra que Ángela mantendría su secreto trágico por siempre.
    - Reitera las preguntas que el narrador se hace sobre el caso.
    - Refuerza nuestra incertidumbre y frustración, porque nunca sabremos si Santiago Nasar fue inocente o no.

9

[Ángela] Se volvió lúcida, imperiosa, maestra de su albedrío, y volvió a ser virgen sólo para él, y no reconoció otra autoridad que la suya, ni más servidumbre que la de su obsesión.

- Esta es una cita esencial porque:
    - El personaje de Ángela ha cambiado: pasó de ser reprimida a ser libre, y de ser "boba" (según Santiago) a más despierta.
    - Establece un contraste fuerte con la Ángela del principio de la novela, a quien no le importó herir a su esposo.
    - Demuestra que finalmente se enamoró de Bayardo.
    - Clarifica que dejó de ser la esclava de su madre, para obedecer la voluntad de su legítimo esposo.
    - Establece el tono de insistencia en ser querida y perdonada.

CRÓNICA DE UNA MUERTE ANUNCIADA

10

… se consolaron con el pretexto de que los asuntos de honor son estancos sagrados a los cuales solo tienen acceso los dueños del drama.

- Esta es una cita esencial porque:
    - Establece claramente los valores morales de la época.
    - Menciona el tema del honor, y clarifica que era algo sagrado entonces.
    - Sintetiza el tema central de la *responsabilidad colectiva*: las personas no pensaban que debían participar; simplemente se limitaron a ver el terrible acto.
    - Nos da el punto de vista del autor, de que se trataba de pretextos.
    - Su vocabulario es muy elevado: esto establece un tono casi bíblico, que debe aprenderse como lección.